Die schönsten Radtouren in Schleswig-Holstein

AF217352

Horst-Dieter Landeck

Die schönsten Radtouren in Schleswig-Holstein

20 Radtouren
zwischen Sylt und Ratzeburg, Ostsee und Haseldorfer Marsch

BOYENS

Titelbilder: Mühle Leuchtturm Falshöft
Hafen Büsum
Radfahrer an der Eider
Alle weiteren Bildlegenden finden Sie auf Seite 135 f.

BOYENS BUCHVERLAG

ISBN 978-3-8042-1356-2

5. Auflage 2022
© 2012 Boyens Buchverlag GmbH & Co. KG,
Wulf-Isebrand-Platz 1–3, 25746 Heide
Alle Rechte vorbehalten
Text, Fotos und Gestaltung: Horst-Dieter Landeck
Titelfotos: Gebietsgemeinschaft Grünes Binnenland und
Horst-Dieter Landeck
Herstellung: Boyens Buchverlag
Druck: Druckzentrum Neumünster GmbH
Printed in Germany

www.boyens-buchverlag.de

Inhalt

Inhalt

Vorwort

Schleswig-Holstein, das Land zwischen den Meeren, ist wegen seiner abwechslungsreichen Landschaft bei Radwanderern beliebt. Allein zwölf Fernradwege durchziehen das Land. Die flache Marsch mit eingedeichten Kögen, die Nordseeküste mit dem Wattenmeer, die Inseln und Halligen, die sanft geschwungene Landschaft zwischen Schlei und Flensburger Förde oder die Seenlandschaft der Holsteinischen Schweiz, jede Landschaft hat ihren eigenen, unverwechselbaren Charakter. So finden Sie in diesem Radführer Touren zwischen Sylt und Ratzeburg, zwischen Ostsee und Haseldorfer Marsch.

Von jeder Tour wird der Radwanderer seine ganz persönlichen Erinnerungen mitnehmen: die Schwärme der Zugvögel bei einer Nordsee-Tour, die Wildpferde ganz nah auf einer Tour durch die Geltinger Birk oder einen Sonnenuntergang an einem lauen, windstillen Tag am Ratzeburger See.

Ob sich der Radwanderer für die herrliche Landschaft, für das Noldemuseum mit dem zauberhaften Garten, Kirchen, Klöster oder Großsteingräber als frühgeschichtliche Zeugnisse interessiert, mit diesem praktischen Radwanderführer kommt jeder auf seine Kosten. Auf Sehenswertes am Wegesrand wird vor jeder Tourenbeschreibung hingewiesen.

Einige Touren verlaufen streckenweise auf Fernradwegen wie der Grenzroute, dem Nordsee-Küstenradweg oder dem Eider-Treene-Sorge-Weg. Für mehrtägige Touren finden Sie im Anhang eine Adressen- und Literaturliste.

Neben den Radtouren auf dem Festland erfreuen sich Tagestouren auf den Inseln besonderer Beliebtheit. Ob zwischen Dünen und Heideflächen auf Sylt, dem über 140 km langen Radwegenetz auf Föhr oder in den Kiefernwäldern und den scheinbar unendlichen Dünen auf Amrum, überall erwarten den Radwanderer erlebnisreiche Touren.

Das Format dieses Radwanderführers ist so ausgelegt, dass er in das Kartenfach der meisten Lenkertaschen passt. Wobei Lenkertaschen mit aufklappbarem Kartenfach den Vorteil bieten, dass man zwei Buchseiten gleichzeitig sehen kann.

Die Karten sind im Maßstab ca. 1 : 80 000 gezeichnet und enthalten alle wichtigen Informationen. Auf den Karten sind zur besseren Orientierung die km-Angaben ab dem Ausgangspunkt eingezeichnet.

Wege und Ausschilderung

Meistens verlaufen die Strecken auf wenig befahrenen Nebenstraßen oder auf gut ausgebauten Wirtschaftswegen (Spurplattenwege), teilweise auch auf fahrbahnbegleitenden Radwegen der Kreis- und Landesstraßen. Die Qualität des Bodenbelages der Wege ist auf den beschriebenen Strecken unterschiedlich. Von Graswegen (selten) über Kies- und Waldwege bis zu gut asphaltierten Radwegen ist alles anzutreffen. An der Nordseeküste stellen die Treibelwege auf der seeseitigen Deichseite eine Besonderheit dar. Diese Wege können bei sehr hohen Wasserständen überflutet werden. Angespültes Treibgut und die Hin-

terlassenschaften der Schafe können diese Wege zeitweise verschmutzen. Das Befahren geschieht auf eigene Gefahr!

Die Beschilderung besteht aus einem System von Armwegweisern mit Orts- und km-Angaben sowie Richtungspfeilen mit Fahrrad-Symbol. Die Armwegweiser stehen an Knotenpunkten wie Routenabzweigungen und Kreuzungen. Landesweit werden in den einzelnen Kreisen Thementouren mit Symbolen ausgewiesen. Diese Symbole sind, wie die Symbole der Fernradwege, an den Armwegweisern angebracht.

Auch auf Amrum und Föhr gibt es ein eigenes Wegweiser-System. So sind auf Föhr 144 km Radwege mit sechs verschiedenen Touren ausgewiesen.

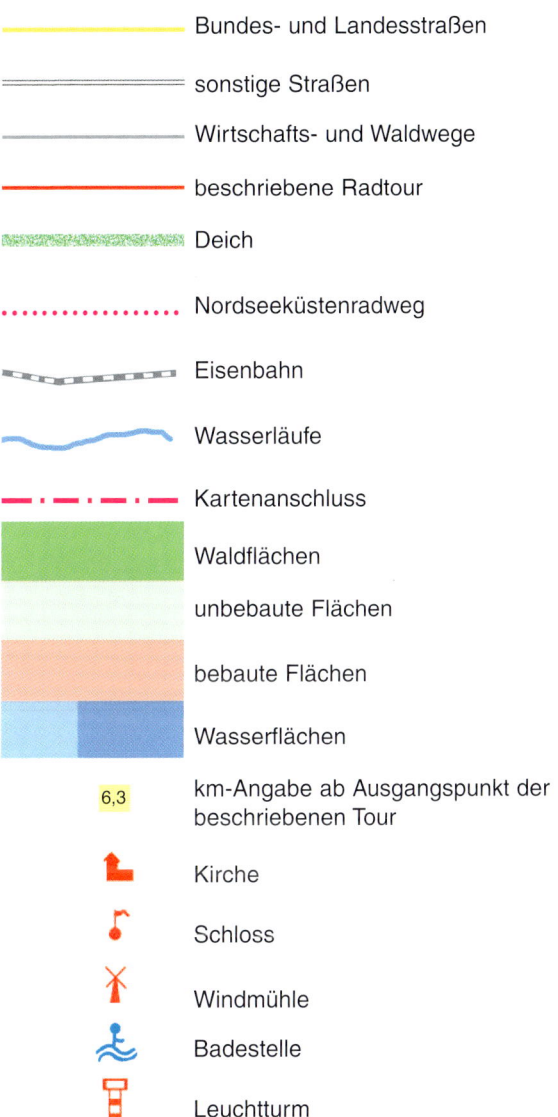

——————— Bundes- und Landesstraßen

=========== sonstige Straßen

——————— Wirtschafts- und Waldwege

——————— beschriebene Radtour

▓▓▓▓▓▓ Deich

••••••••••••• Nordseeküstenradweg

▭▭▭▭▭ Eisenbahn

〰〰〰 Wasserläufe

—·—·—·— Kartenanschluss

█████ Waldflächen

█████ unbebaute Flächen

█████ bebaute Flächen

█████ Wasserflächen

6,3 km-Angabe ab Ausgangspunkt der beschriebenen Tour

🏛 Kirche

Schloss

🗼 Windmühle

Badestelle

Leuchtturm

Beschreibung der Tour

Zur besseren Übersicht und zur schnelleren Orientierung sind die km-Angaben, die sich auf den Karten befinden, in der Wegbeschreibung hervorgehoben (**8,3 km**). Alle Straßennamen sind kursiv geschrieben *(Haffstraße)*, alle Namen der Orte, durch die die Tour führt, sind in **blauer Schrift** gedruckt, und alle Sehenswürdigkeiten sind in ***blauer Kursiv-Schrift*** hervorgehoben. Weiterhin weist ein **A** im Text auf Gefahrenstellen hin.

Tour 1

Ausgangspunkt:
Vor der Kirche in **Süderlügum**

Tourverlauf:
Von Süderlügum über Neukirchen, Nolde-Museum, Tondern und Aventoft zurück nach Süderlügum.

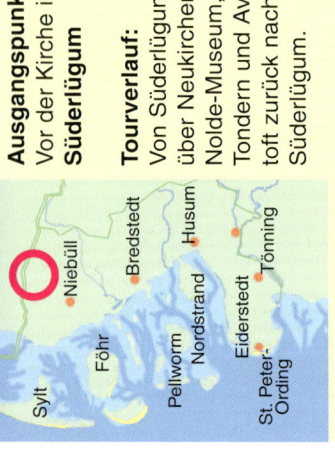

Auskunft:
Gemeinde Süderlügum
Hauptstraße 7, 25923 Süderlügum
Tel. 0 46 63 - 60 17 77

Parkmöglichkeiten befinden sich am Einkaufszentrum Hauptstraße/Ecke Westerstraße.

Gesamtlänge der Tour: 46,9 km

ein moderner Landwirtschafts- und Forstbetrieb mit insgesamt 1021 Hektar.

Deichmuseum in Neukirchen mit dem Deichtor von Feddersbüllsiel.

Im Freiland-Museum werden neben dem Deichtor aus dem 16. Jahrhundert Deichprofile aus dem 11./12., 14., 16., und 17. Jahrhundert in natürlicher Größe dargestellt.

Naturschutzgebiet
Süderlügumer Binnendünen

Am Ender der letzten Eiszeit vor etwa 10.000 Jahren wurden aus den Sandbänken des Urstromtales der Wiedau Dünenfelder am Südrand des Ortes aufgeweht. Bereits im 16. Jh. war Süderlügum durch Sandverwehungen bedroht, und die Einwohner mussten einen Windschutz anlegen. So pflanzte man Strandhafer auf die offenen Sandflächen.

Nolde-Museum und historischer Handelsort

Süderlügum – Neukirchen – Nolde-Museum – Tondern – Süderlügum

Von der Kirche in Süderlügum führt die Tour nach Neukirchen. Im dortigen Deichmuseum sind ein Sieltor aus dem 16. Jh. und rekonstruierte Deichprofile zu sehen. Die nächste Etappe führt zum Nolde-Museum. Neben der jährlich wechselnden Ausstellung bietet der Garten im Sommerhalbjahr eine wahre Blütenpracht. Anschließend überqueren wir die Grenze nach Dänemark, fahren in Mögeltonder am Schloss Schackenborg vorüber und erreichen wenig später die alte Handelsstadt Tondern. Nach einem Stadtbummel durch die Fußgängerzone mit ihren reich verzierten Bürgerhäusern, der Alten Apotheke und der Kirche radeln wir zurück nach Süderlügum, wo wir einen Abstecher nach den Binnendünen nicht verpassen sollten.

Unterwegs entdecken

Nolde-Museum

Das Museum zeigt eine jährlich wechselnde Ausstellung des Expressionisten Emil Nolde (siehe auch Seite 18).
Öffnungszeiten aktuell erfragen.

Tondern

Tondern ist die älteste Handelsstadt in Dänemark. Neben gut erhaltenen Kaufmannshäusern ist die Alte Apotheke die größte Attraktion. Hier ist das ganze Jahr Weihnachten. Auf drei Etagen wird Kunsthandwerk gezeigt. Sehenswert sind auch das Kunstmuseum im Wasserturm und das Zeppelinmuseum am nördlichen Stadtrand.

Gut Schackenborg wird das erste Mal 1233 als Mögeltonderhus im Besitz des Bischofs von Ribe erwähnt und ist seit 1995 königliche Residenz. Das Gut Schackenborg ist heute

Süderlügum–Neukirchen–Nolde-Museum–Tondern–Süderlügum

Ausgangspunkt ist die *Marienkirche* in **Süderlügum** (**0,0 km**). Vom Zugang zum Kirchhof biegen wir rechts in die Hauptstraße ein, nach 100 m nochmal rechts in die *Westerstraße*, fahren zwischen Einkaufszentrum und Parkplatz (mit WC) hindurch und radeln vor der Linkskurve geradeaus durch die gepflasterte Spielstraße (**0,2 km**).

An deren Ende (**0,4 km**) biegen wir links in die Straße *Süderheine* ein, schwenken nach 200 m vor einer Sackgasse nach links und biegen bei **km 0,9** rechts in den fahrbahnbegleitenden Fuß-/Radweg der *Bahnhofstraße* ein. In **Wimmersbüll** queren wir die Bahngleise (**1,6 km**). **A** Gleich darauf wechselt der Fuß-/Radweg an der Abzweigung *Wimmers-*

büller Straße auf die linke Fahrbahnseite. Wir fahren immer geradeaus durch den Ort, gelangen nach **Humptrup (2,1 km)** und radeln weiter geradeaus am Waldrand entlang. Am Ende des Waldes halten wir uns an der Abzweigung der *Grellsbütteler Straße* **(3,2 km)** links, kommen nach 400 m an der **Kirche** vorüber, fahren weiter geradeaus Richtung Neukirchen und verlassen **Humptrup (3,8 km)**. Wir queren die Straße *An den Salzbuden* **(4,1 km)** und biegen an der Kreuzung *Hauptstraße/ N e u k i r c h e n e r S t r a ß e* **(5,0 km)** rechts nach Neukirchen ab (Wegweiser zum Nolde-Museum) (**A** kein Radweg). An der Kreuzung *Kahlebüller Weg* **(5,6 km)** fahren wir

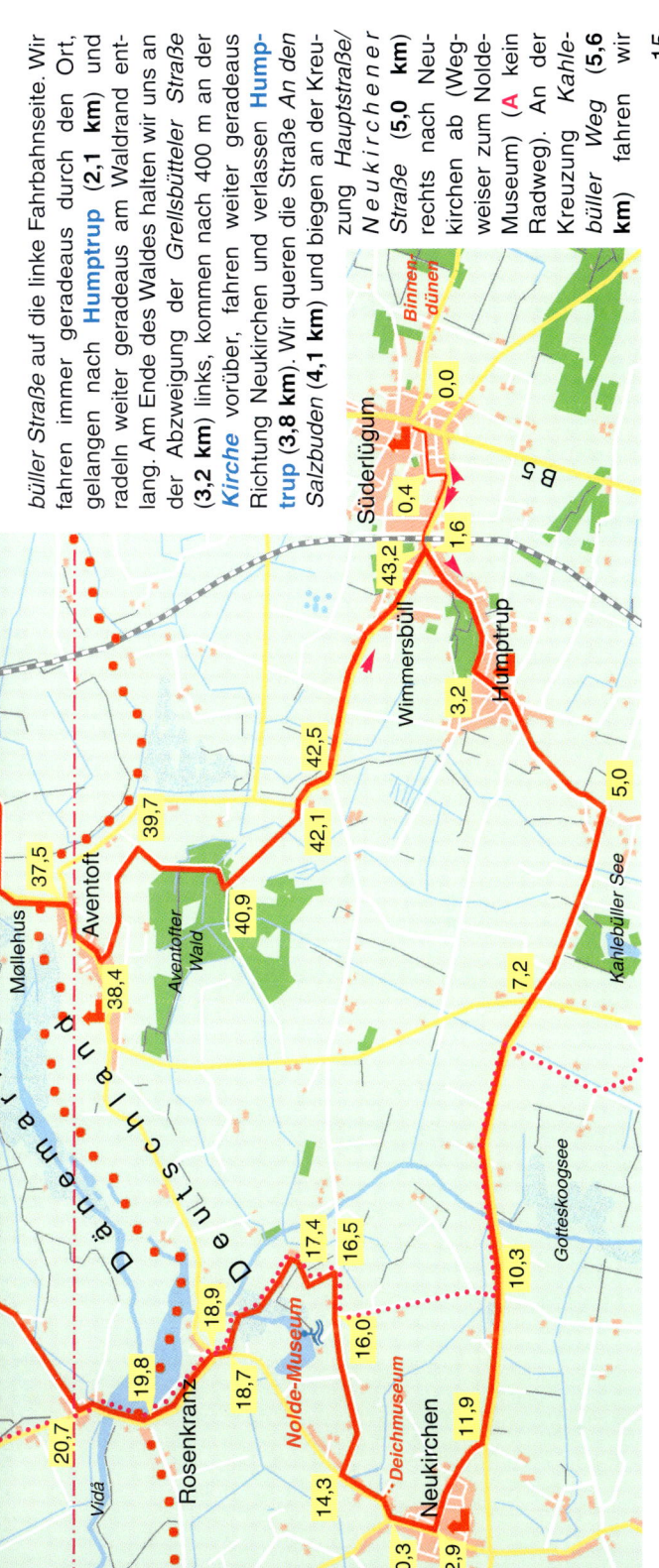

geradeaus, kommen nach weiteren 400 m am Wanderweg zum **Kahlebüller See** vorüber und überqueren die Kreuzung *Aventofter Straße* (**7,2 km**). An der Straße *Hattersbüllhallig* fahren wir an der Abzweigung nach Niebüll geradeaus Richtung Neukirchen und befinden uns nun auf dem **Nordseeküstenradweg** (**7,7 km**). Auch an der Kreuzung *Moorhofweg* (**8,9 km**) und der Abzweigung zum Nolde-Museum (**10,3 km**) fahren wir geradeaus.

Abkürzung zum Nolde-Museum: Bei **km 10,3** folgen wir dem Wegweiser zum Nolde-Museum und biegen rechts ab. Bei **km 16,0** treffen wir wieder auf die beschriebene Strecke.

In **Neukirchen** biegen wir rechts in den *Otzhusumweg* (**11,9 km**) zur Emil-Nolde-Schule ein, fahren immer geradeaus an der Schule vorüber bis zur Vorfahrtstraße (**12,9 km**). Dort schwenken wir rechts in den fahrbahnbegleitenden Radweg Richtung Rodenäs, hinter dem Verwaltungsgebäude des Amtes Neukirchen nochmal rechts Richtung Nolde-Museum in die Straße *Nordosterdeich* (**13,5 km**) und erreichen nach 300 m den Sandweg *Fegetasch* zum **Deichmuseum**.

Abstecher: Zum Deichmuseum rechts in die Straße *Fegetasch* einbiegen.
Neben einem Sieltor aus dem 16. Jh. wird die Entwicklung der Deiche vom 11. bis zum 17. Jh. gezeigt.

Anschließend fahren wir weiter geradeaus, verlassen **Neukirchen** und biegen bei **km 14,3** rechts in den *Revtoftweg* zum Nolde-Museum ein. An der Kreuzung zur *Badestelle Hülltofter Tief* fahren wir geradeaus (**16,0 km**) und folgen bei **km 16,5** dem Museumswegweiser nach links. Nach einer Rechtskurve erreichen wir links den Zugang zum **Nolde-Museum** (**17,4 km**). Der Weg führt durch das neu gestaltete Empfangsgebäude und den liebevoll gestalteten **Garten** zum Museum.

Anschließend fahren wir mit einem Linksbogen an dem großen Gebäude auf einer Warft vorüber und kommen an einem weiteren Zugang zum **Museum** vorbei (**17,8 km**). Hier endet die Asphaltstraße. Wir fahren geradeaus in einen Sandweg, der bald darauf in einen Grasweg übergeht. Nachdem wir eine kleine Brücke überquert haben (**18,4 km**), beginnt wieder ein Asphaltweg (**18,6 km**). Am Ende des *Noldeweges* biegen wir rechts in die Vorfahrtstraße Richtung Tondern ein, halten uns an der Abzweigung nach Aventoft (**18,9 km**) links (Richtung Rudbøl), radeln in dem kleinen Ort **Rosenkranz** an der Kreuzung (**19,8 km**) geradeaus und passieren die **Grenze nach Dänemark**. Auf einem breiten Kiesweg, der neben der Straße verläuft, überqueren wir die Vidå (**20,2 km**). Über diesen Fluss fuhren einst die Handelsschiffe nach Tondern. Am Ende des Kiesweges biegen wir rechts in den *Lystvej* ein, folgen dem Radwegweiser nach links und schwenken nach wenigen Metern rechts in die Vorfahrtstraße Richtung Højer (Nordseeküstenradweg). An der Abzweigung nach Tondern (**20,7 km**) biegen wir rechts in den *Møgeltøndervej* ein. Hier verlassen wir den Nordseeküstenradweg und radeln weiter auf der Route Nr. 8.

Bei **km 24,7** biegen wir links nach **Møgelton-der** ab, folgen im Ort der Rechtskurve und biegen gleich darauf links in den Weg *Stræd t* (**26,5 km**) ein (Radwegweiser), anschließend links in den *Sønderbyvej* (**26,9 km**), fahren an der weiß getünchten Backsteinkirche vorbei und biegen an der Vorfahrtstraße rechts ab. Auf der kopfsteingepflasterten Lindenallee mit ihren kleinen roten Backsteinhäusern gelangen wir zum **Schloss Schackenborg** (**27,5 km**), radeln am weitläufigen **Schloss-garten** vorüber und biegen am *Møgeltønder Omfartsvej* (Reichsstraße 419) (**29,3 km**) rechts in den fahrbahnbegleitenden Radweg nach Tondern (**30,0 km**). Am Kreisverkehr schwenken wir rechts in den *Vestre Omfarts-*

vej (Richtung Grenze). Bei **km 31,0** halten wir uns links Richtung **Tøndern**-Zentrum, schwenken nach 300 m rechts in die *Strucks-allee*, queren die Bahngleise (**32,1 km**) und biegen gleich darauf rechts in die *Jernbane-gade* ein.

Abstecher zur Innenstadt: Wir fahren, nach-dem wir die Bahngleise überquert haben, geradeaus über die große Kreuzung und erreichen nach 100 m die Fußgängerstraße. Ab dort schieben wir das Rad und folgen der Fußgängerstraße bis zur Alten Apotheke und zur Kirche.

Nach unserem Stadtbummel fahren wir von der Fußgängerstraße geradeaus über die große Kreuzung und biegen vor der Bahn-gleisen links in die *Jernbanegade* ein. Wir kommen am Bahnhof (**32,4 km**) vorüber und biegen etwa 30 m vor einem Tor, das den Weg versperrt, links in einen Fuß-/Radweg ein. Anschließend fahren wir in einer scharfen Rechtsbiegung über zwei kleine Brücken,

queren die Bahngleise, biegen links ab und fahren weiter parallel zu den Gleisen. Bei **km 34,1** überqueren wir nochmal eine Brücke, biegen an der nächsten Querstraße rechts ab (**34,7 km**), radeln durch **Ubjerg** (**35,2 km**) und schwenken an der Vorfahrtstraße links nach Møllehus (**36,9 km**).

Nach 300 m passieren wir wieder die **Gren-ze**, biegen in **Aventoft** an der *Dorfstraße* (**37,5 km**) rechts ab, schwenken ansch-ließend links in die Straße *Drift* (**38,4 km**) nach Süderlügum und verlassen **Aventoft** (**38,6 km**). An der Weggabelung (**38,9 km**) halten wir uns links, biegen an der T-Kreu-zung (**39,7 km**) rechts ab und fahren auf den Wald zu. Am Waldrand beginnt ein Sandweg. Nachdem wir einen Wasserlauf (**40,6 km**) überquert haben, schwenken wir an der nächsten Abzweigung (**40,9 km**) nach links, verlassen den Wald und erreichen wieder einen Asphaltweg. Wir schwenken bei **km 42,1** rechts in die Vorfahrtstraße, fahren an

Nolde-Museum

Von 1927 bis 1937 ließ sich der Maler Emil Nolde nach eigenen Entwürfen sein Wohn- und Atelierhaus auf der Warft Seebüll bauen. Der eigenwillige, geschlossene Bau aus rot-violettem Klinker ist umgeben von einem prächtigen Blumengarten und erhebt sich mächtig aus der flachen, weiten Marschland-schaft. Hier lebte und arbeitete Nolde bis zu seinem Tod im Jahr 1956. Die ursprüngliche Atmosphäre ist auch durch das neue Emp-fangs- und Restaurantgebäude gewahrt geblieben, und so gleicht ein Gang durch den Bildersaal und die Kabinette mehr einem Ate-lierbesuch als der Besichtigung eines Museums. Die Ausstellung der Gemälde, Aquarelle, Graphiken und kunsthandwerkli-chen Arbeiten wechseln jedes Jahr und geben einen Überblick über das künstlerische Schaffen Noldes, der zu den führenden Expressionisten des 20. Jahrhunderts zählt.

der Abzweigung nach Neukirchen (**42,5 km**) weiter geradeaus auf der *Wimmersbüller Straße*. Bei **km 43,2** erreichen wir die Abzwei-gung, an der wir auf der Hinfahrt rechts abge-bogen sind. Jetzt fahren wir geradeaus und radeln das letzte Stück auf dem gleichen Weg wie auf der Hinfahrt, nur in umgekehrter Rich-tung, zu unserem Ausgangspunkt an der *Kir-che* in *Süderlügum* zurück.

Abstecher zu den Binnendünen von Süderlügum: Von der Kirche biegen wir links ab und schwenken nach 100 m rechts in die Straße *Zur Heide*. An der Abzweigung *Oster-weg* fahren wir einen Links-rechts-rechts-Schwenk und bleiben auf der Straße *Zur Heide*. Nach 1,3 km biegen wir rechts in einen Sandweg ein und erreichen nach 100 m das Natur-schutzgebiet. Ein Wanderweg führt durch das Dünen- und Heidegebiet zum Aussichtspunkt auf einer acht Meter hohen Düne.

Ausgangspunkt:
Wasserschloss in
Glücksburg

Tourverlauf:
Von Glücksburg
über Rüde, Lang-
balligau, Wester-
holz, Unewatt und
Munkbrarup
zurück nach
Glücksburg.

Auskunft: Touristinformation Glücksburg
Tel. 0 46 31-40 77 0

Gesamtlänge der Tour: 29,5 km

MühlenTour

Die Tour führt vom Wasserschloss in Glücksburg durch die sanft hügelige Landschaft Ostangelns, an den Windmühlen Steinadler in Westerholz, Fortuna in Unewatt und Hoffnung in Munkbrarup sowie der Buttermühle in Unewatt vorbei. In Wahrberg bietet die Tour dem Radwanderer bei klarem Wetter ein besonderes Fördepanorama, und in Bockholmwik, Langballigau und Westerholz laden im Sommer Sandstände zu einem erfrischenden Bad in der Förde ein. Daneben laden das Landschaftsmuseum in Unewatt und die romanische St.-Laurentius-Kirche in Munkbrarup kulturinteressierte Radfahrer zu einem Besuch ein.

Bis auf zwei kurze Wegstrecken verläuft die Tour auf asphaltierten Wegen. Ein Abschnitt verläuft auf der Trasse des Ostseeküstenradweges.

Unterwegs entdecken

Landschaftsmuseum Unewatt

(siehe Seite 25)

Windmühle Hoffnung

Dieser Erdholländer, der 1868 von Meierwik nach Munkbrarup versetzt wurde, ist noch voll funktionsfähig, und an Mühlentagen wird auch im zugehörigen Backhaus das bekannte und beliebte Steinofenbrot gebacken.

Windmühle Steinadler

1877 als eine der größten Windmühlen im Land errichtet, wurde der „Galerie-Holländer" im Jahr 1969 vom Sturm schwer beschädigt.

St. Laurentius in Munkbrarup

Die Granitquaderkirche St. Laurentius (um 1200) zählt zu den Hauptwerken dieses Baustils in Angeln. Das sechssäulige Südportal mit Tympanon ist romanisch. Der Innenraum präsentiert sich dagegen im Renaissance-Stil

mit Kreuzgratgewölbe. Die romanische Granittaufe entstand um 1200 und zählt zu den wichtigsten Kostbarkeiten der Kirche.

Schloss Glücksburg

„Wiege der europäischen Königshäuser" Das Renaissanceschloss besteht im Kern aus drei nebeneinander gebauten dreigeschossigen Langhäusern mit achteckigen Wohntürmen an den vier Ecken. Ein Teil des Schlosses ist als Museum zu besichtigen. Beeindruckend ist neben der Schlosskapelle der rote Saal, ein ca. 30 x 10 m überwölbter Raum im klassizistischen Stil. Einen bleibenden Eindruck hinterlässt ein romantisches Konzert in den stimmungsvollen Räumen des Schlosses.

Tour 2

MühlenTour

Ausgangspunkt ist der Parkplatz am *Wasserschloss* in **Glücksburg** (**0,0 km**). Vom Parkplatz schwenken wir nach links, nach 200 m rechts in die *Bahnhofstraße* und verlassen **Glücksburg**. Wir radeln am Waldrand entlang (**1,8 km**) und kommen am *Mühlenteich* vorüber. Mit einem Links-rechts-Schwenk gelangen wir wenige 100 m vor **Rüdeheck** auf den fahrbahnbegleitenden Radweg.

In **Rüde** (**2,6 km**) biegen wir links in Richtung Bockholmwik ab, erreichen bei **km 3,8** den *Ostseeküstenradweg* und schwenken rechts in Richtung Bockholmwik. In **Wahrberg** (**4,6 km**) bietet sich uns ein herrlicher Blick über die Flensburger Außenförde, bevor wir bergab zum Ufer der Förde rollen. Mit einer

Flensburger Förde

Bockholm

Neupugum

Archäologischer
Wanderweg

Sandwig

Glücksburg

Schloss

28,3

0,0

Mühlenteich

Rüdeheck

2,6 Rüde

Ulstrup

25,6

Oxbüll

B 199

Munkbrarup

Mühle Hoffnung

Ringsberg

20,2

Siegum

5,7

Wahrberg

3,8

Bockholmwik

8,0

Freienwillen

9,5 Langballigau

Mühle Steinadler

Unewattfeld

Krös

11,9

Westerholz

10,9

Landschaftsmuseum

Unewatt

Langballig

18,8

15,8

14,5

Rechtsbiegung entfernen wir uns vom Ufer, radeln wieder bergauf und fahren anschließend an der Bushaltestelle (**5,5 km**) geradeaus. In der folgenden Linkskurve halten wir uns rechts (**5,7 km**) und biegen nach Siegum ab. (**A** Der Radwegweiser ist hinter einem Schild versteckt.)

Abstecher: Zum Badestrand halten wir uns links und fahren am Campingplatz vorüber zum Sandstrand neben dem Jachthafen.

Wir fahren nun bergab, biegen nach 100 m links ab, halten uns an der nächsten Einmündung (**6,2 km**) nochmals links und radeln wenig später durch **Siegum**.
An der T-Kreuzung (**6,8 km**) schwenken wir nach links, nach weiteren 100 m nach rechts und verlassen **Siegum**. In der Rechtskurve der Asphaltstraße (**8,0 km**) biegen wir links in den Sandweg nach Siegumlund ein, folgen im Wald den hölzernen Radwegschildern des

Ostseeküstenradweges und erreichen Langballigholz.
An der T-Kreuzung (**8,9 km**) biegen wir links ab und schwenken bei km **9,5** links in den fahrbahnbegleitenden Radweg. Der Radweg führt geradeaus an **Langballigau** vorüber. Ein Abstecher zum Sportboothafen, den Souvenirgeschäften, Restaurant und Cafés sollte man einplanen. **Mein Tipp:** Im *Café Anna und Meehr*, das etwas versteckt hinter dem Hafen liegt, gibt es die beste Buchweizentorte, die ich kenne.

In **Westerholz** (**10,9 km**) radeln wir an der *Haffstraße* geradeaus, kommen an der *Windmühle Steinadler* vorüber und fahren an der Abzweigung Neukirchen (**11,9 km**) geradeaus. Hier verlassen wir den *Ostseeküstenradweg*, der links abzweigt.
300 m vor Streichmühle (**14,5 km**) fahren wir mit einem Rechts-links-Schwenk in den Auweg. Wir überqueren die Au auf einer schmalen Brücke, radeln an der Abzweigung

nach Sörup (**15,1 km**) geradeaus und schwenken nach 300 m an der Kreuzung halblinks in die *Mühlenstraße*. Wir kommen an der *Windmühle Fortuna* (**15,8 km**) vorüber, die zum *Landschaftsmuseum Unewatt* gehört, und rollen die *Mühlenstraße* hinunter zur *Buttermühle*, die ebenfalls zum Landschaftsmuseum gehört. In **Unewatt** fahren wir an der Kreuzung neben der *Buttermühle* (**16,1 km**) geradeaus in die *Schmiedestraße* und folgen am Ortsende von **Unewatt** (**16,9 km**) der leichten Rechtsbiegung des Hauptweges.

Wir erreichen **Langballig** (**17,6 km**), schwenken von der Straße *An der Schulau* links in den *Gaisberg*, überqueren die Hauptstraße (**17,8 km**) und fahren weiter geradeaus. Auch an der Kreuzung (**18,5 km**) fahren wir geradeaus in die *Schulstraße* (Sackgasse), dem Radwegweiser in Richtung Glücksburg folgend. Bei **km 18,8** schwenken wir rechts in den fahrbahnbegleitenden Radweg der B 199

und neben einem Rastplatz (20,2 km) nochmal nach rechts, dem Radwegweiser nach Ringsberg folgend. In **Ringsberg** (20,8 km) biegen wir links in die *Glücksburger Straße* ein, überqueren die B 199 (21,3 km) und radeln weiter geradeaus. Bei **km 22,0** schwenken wir rechts in Richtung Munkbrarup, kommen an einem weiteren Rastplatz vorüber und erreichen mit einem Rechts-links-Schwenk (24,0 km) **Munkbrarup**.

An der T-Kreuzung (24,3 km) halten wir uns links, an der nächsten T-Kreuzung vor einem Efeu berankten Haus nochmal links und radeln anschließend über den *Dorfplatz* (24,9 km).

Wir kommen an der *Granitquaderkirche* aus dem 12. Jh. vorüber, biegen rechts in den *Auberg* ein und radeln an der *Windmühle „Hoffnung"* vorbei zur B 199, die wir in einer Unterführung passieren. Gleich danach biegen wir links ab und nach wenigen Metern wieder rechts (bei **km 25,6** biegt links die Kir-

chentour ab). An einer Schule vorbei gelangen wir auf einem Fuß-/Radweg nach **Ulstrup**. Im Ort fahren wir an der Kreuzung geradeaus, erreichen auf dem *Ulstruper Weg* **Glücksburg**, biegen an der *Flensburger Straße* rechts ab (28,3 km) und fahren auf dem Radweg Richtung Zentrum. An einer Unterführung und an der für Radfahrer gesperrten Straße zum Kurzentrum radeln wir vorüber, folgen dem Radweg zum Wasserschloss und erreichen wieder unseren Ausgangspunkt am *Schloss Glücksburg*.

Landschaftsmuseum Unewatt

Das Landschaftsmuseum ist mit seinen Museumsinseln dezentral in das Dorf Unewatt integriert.

Zum Museum gehören:

– **der rekonstruierte Marxenhof**. Er wurde in Süderbrarup abgebaut und steht heute am Eingang des Dorfes.

– **die Buttermühle** (Wassermühle zur Butterherstellung). Sie steht in der Dorfmitte am wiederangelegten Mühlenteich und wurde nach historischen Unterlagen und Fotografien rekonstruiert.

– **die Christesen-Scheune** am Dorfrand. Sie wurde nach dem Vorbild des abgebrannten Wirtschaftsgebäudes von 1895 neu aufgebaut.

– **die renovierte Windmühle Fortuna**, die etwas außerhalb des Dorfes steht. Sie wurde 1878 als Galerieholländer errichtet. Mehrmals im Jahr drehen sich ihre Flügel im Wind.

Tour 3

Ausgangspunkt:
Touristinformation in **Gelting** an der B 199

Tourverlauf:
Von Gelting über Goldhöft, Geltinger Birk, Falshöft und Kronsgaard zurück nach Gelting.

Auskunft: Touristinformation Gelting
Tel. 0 46 43 - 7 7 77

Gesamtlänge der Tour: 25,7 km

GeltingerBirkTörn

Die Strecke führt von Gelting über den Deich durch das Naturschutzgebiet Geltinger Birk. An seltsam gewachsenen Bäumen und durch den Geisterwald führt die Tour am Vogelwärterhäuschen vorüber. Weiter geht es auf dem Deich um die Birk zum Leuchtturm Falshöft. Mit etwas Glück kann man am Rande des Naturschutzgebietes Wildpferde beobachten, die seit 2002 hier ausgewildert wurden. Auf dem Streckenabschnitt von Falshöft bis Langfeld besteht die Möglichkeit, zu verschiedenen Badesträden abzubiegen. Anschließend geht es auf teilweise knickgesäumten Wegen zwischen Feldern und Wiesen hindurch zurück nach Gelting.

Unterwegs entdecken

Gelting

Schloss: Um 1470 entstand in Gelting ein adeliger Gutshof mit Wassergraben und Erdwällen, der 1494 in Adelsbesitz überging. Der repräsentative Herrensitz, ein dreiflügeliger Bau mit einem runden Turm, ist im Ostteil spätmittelalterlich. Der Westflügel entstand um 1670. Der Gutshof ist bewohnt und kann nicht besichtigt werden.

St.-Katharinen-Kirche: Sehenswert ist der sakrale Backsteinbau mit dem einzeln stehenden Holzturm. Der ursprünglich gotische Bau wurde Ende des 18. Jh. in spätbarockklassizistischem Stil umgebaut und erweitert.

Gemeindehaus: Der reetgedeckte Fachwerkbau wurde nach einem Brand 1733 neu errichtet. Bis 1823 diente der Bau mit Stallungen und Heuboden als Pastorat, da die Pastoren von ihrer Bauernwirtschaft leben mussten.

Windmühle Charlotte: Die kleine reetgedeckte und seit einigen Jahren wieder liebevoll restaurierte Holländermühle von 1824 ist das Wahrzeichen der Geltinger Birk. Sie diente nach der Eindeichung des Beveroer Noores im Jahre 1821 als Korn- und Schöpfmühle. Sie war neben zwei weiteren Schöpfmühlen, von denen nichts mehr erhalten ist, Teil einer Entwässerungsanlage, die das tiefliegende Land landwirtschaftlich nutzbar machen sollte.

Die Mühle Charlotte befindet sich in Privatbesitz und kann nicht besichtigt werden.

Leuchtturm Falshöft

Der 24 m hohe, rot-weiß gestreifte Leuchtturm wurde 1908/09 erbaut und steht gleich hinter dem Deich in Falshöft. Im Leuchtturm befindet sich heute ein Trauzimmer des Standesamtes.

GeltingerBirkTörn

Von der Rückseite der Tourist-Information in **Gelting** fahren wir auf der *Wolfgang-Mieter-Straße* (**0,0 km**) zur Sparkasse und biegen dort links in den *Norderholm* ein. Die Strecke führt am Gemeindehaus, der Kirche sowie der Schule vorüber. An der Abzweigung nach Wackerballig fahren wir geradeaus weiter. Gleich hinter dem Ortsende von Gelting biegen wir links nach Goldhöft und zur Birk ab (**0,9 km**).

Abstecher: An der Abzweigung nach Goldhöft biegen wir rechts in den Radweg ein und gelangen nach 200 m zum *Schloss Gelting*, welches jedoch nicht besichtigt werden kann.

Wir fahren in **Goldhöft** an der Abzweigung zum Nordschauwald vorbei (**2,1 km**). Am Wegweiser zur Birk biegen wir links ein

(2,6 km), fahren am Birkparkplatz mit dem Birkkiosk sowie an der Müllerkate vorüber und passieren eine Schranke. A Von km 3,8 bis 12,0 führt die Route über einen Kiesweg, der stellenweise weiche Sandmulden aufweist.

Im Naturschutzgebiet radeln wir an der **Windmühle „Charlotte"** (3,8 km) und an der Reetdachkate „Sperlingslust" vorüber. Der Weg führt durch den Zauberwald, vorbei am alten Forsthaus. Am Hof Beveroe (5,8 km) halten wir uns links und gelangen zur Schutzhütte des Vogelwarts (6,3 km). Wir radeln rechts weiter auf dem Deich, der die Birkniederungen vor den Fluten der Ostsee schützt, und sehen im Norden den Leuchtturm Kalkgrund. Bis dorthin erstreckt sich die Flachwasserzone der Birk. Bald darauf kommen wir an den Weidegebieten der **Wildpferde** vorüber und erreichen schließlich wieder einen asphaltierten Weg. Gleich darauf passieren wir zwei Parkplätze (12,4 km), fahren

weiter geradeaus am Fuß des Deiches entlang, kommen am **Leuchtturm Falshöft** und an einem Campingplatz vorüber. Anschließend fahren wir zwischen zwei Gebäuden des „Seehofes" hindurch und biegen rechts ab (13,1 km). Bei km 14,6 biegen wir nach Pommerby links in die *Niebyer Straße* ein und an der reetgedeckten alten Schule von Pommerby nochmals links in die *Niedammer Straße* (15,0 km). Beim Bauernhof Niedamm führt der Weg mit einer Rechtsbiegung (16,0 km) zur Straße Pommerby – Kronsgaard. Hier biegen wir wieder links ab, radeln am **Gut Düttebüll** vorüber bis nach Regenholz (18,5). Nach 200 m (18,7 km) biegen wir rechts nach Bobeck ab. In Langfeld kommen wir an der **Töpferei** Domstag vorbei, fahren weiter über Hüsfeld zur Straße Pommerby-Bobeck (20,5 km) und biegen links ein.

In Bobeck (21,0 km) biegen wir nochmals links ab und radeln bis zur B 199 (Nord-

straße). Bevor wir die Straße überqueren, erinnert an der rechten Seite des Weges ein Gedenkstein an die Aufhebung der Leibeigenschaft auf den Gütern Hasselberg und Oehe im Jahr 1790 (21,6 km).

A Wir überqueren nun vorsichtig die B 199 und fahren weiter geradeaus. Nach 200 m folgt eine scharfe Linksbiegung, anschließend geht es in einem weiten Rechtsbogen auf einem schmalen Weg nach **Stenderup** (23,1 km). Auf der *Stenderuper Straße* fahren wir über Grüttheck und Freienwillen nach **Gelting**. Bei km 25,3 halten wir uns rechts und gelangen über den *Süderholm* zur B 199. Diese überqueren wir an der Ampelanlage, biegen dort links ab und erreichen wieder unseren Ausgangspunkt.

Ausgangspunkt: In **Kappeln** am Hafen

Tourverlauf: Von Kappeln über Olpenitz, Karby und Arnis zurück nach Kappeln.

Auskunft: Touristinformation Kappeln
Mühle Amanda
Tel. 0 46 42 - 40 27

Gesamtlänge der Tour: 30,3 km

HeringsTörn

Vom Hafen in Kappeln führt die Tour über die moderne Schleibrücke nach Olpenitz, wo wir einen herrlicher Rundblick über die Schlei bis nach Schleimünde genießen können, und weiter am Weidefelder Strand entlang nach Schönhagen (langer Sandstrand). Zwischen Feldern und Wiesen radeln wir durch die sanft hügelige Landschaft nach Sundsacker, überqueren mit der Fähre eine der engsten Stellen der Schlei und erreichen Arnis. Bevor wir in einem weiten Bogen auf der Angelner Schleiseite nach Kappeln zurückkehren, sollten wir einen Rundgang durch die kleinste Stadt Deutschlands und einen Besuch der Schifferkirche mit ihren schönen Votivschiffen nicht versäumen.

Unterwegs entdecken

Kappeln

(Beschreibung siehe Seite 35)

Gut Olpenitz wird bereits 1285 als Adelssitz erwähnt. Seit dem 17. Jh. ist es der Stammsitz der Familien von Ahlefeld.

Schönhagen

Das Schloss Schönhagen entstand um 1650 als Gutshaus. Heute wird es als Reha-Klinik genutzt.

Karby

Die gotische Backsteinkirche stammt aus dem 13. Jh. Im Innern haben sich Reste einer spätgotischen Ausmalung erhalten. Neben der romanischen Granittaufe aus dem 12. Jh. ist die geschnitzte Renaissance-Kanzel sehenswert.

Arnis

Arnis gilt als die kleinste Stadt Deutschlands. Um der Leibeigenschaft des Gutsherrn von Ruhmor zu entgehen, flüchteten im 17. Jh. 64 Kappelner Familien auf die Insel Arnis.

Diese Siedlung entwickelte sich bald zur führenden Metropole für Schiffbau und Handel, deren Handelsflotte zeitweise über 90 Schiffe zählte.

Die Lindenallee, gesäumt von kleinen, aneinandergereihten Giebelhäusern des 18./19. Jh. mit ihren Utluchten (alte Vorbauten), prägt das historische Ortsbild.

Carlsburg

Das Herrenhaus von 1727 wurde 1770 um zwei Seitenflügel erweitert, 1737 wurde die Lindenallee angelegt, die noch heute zur Gutsanlage führt. 1785 erwarb Landgraf von Hessen-Cassel, Statthalter des dänischen Königs, das Herrenhaus und taufte es auf den Namen Schloss Carlsburg. 1836 erbte Herzog Carl zu Schleswig-Holstein-Sonderburg-Glücksburg das Schloss. Heute gehört es der Stiftung Schäferhaus.

Tour 4

Betriebszeiten der Fähre in Arnis:
7.00 – 19.00 Uhr,
im Sommer 7.00 – 22.00 Uhr,
in den Wintermonaten ruht der
Fährbetrieb

HeringsTörn

Vom Hafen in **Kappeln** biegen wir in den Radweg zur Schleibrücke ein, überqueren die
Schlei und biegen an der ersten Straße (*Ellenberger Straße*) links ab (**0,5 km**), halten uns am
Café rechts und folgen den Radwegweisern.
Auf der *Ellenberger Straße* erreichen wir die
Holtenauer Straße (**1,1 km**), überqueren diese,
fahren geradeaus durch ein kleines Gehölz
(**1,25 km**), überqueren anschließend die *Bar-
barastraße* (**1,3 km**) und folgen dem Wegweiser geradeaus nach Olpenitz. Wir biegen bei
km 4,0 links zum **Gut Olpenitz** ein und radeln

am Torhaus des Gutes vorüber (das Herrenhaus liegt versteckt hinter Bäumen und dem großen reetgedeckten Speicher), halten uns in **Olpenitzdorf** rechts (**4,8 km**) und biegen bei **km 5,2** von der *Olpenitzer Dorfstraße* in den *Weidefelder Weg* ein.

Abstecher: Bei **km 5,2** geradeaus weiterfahren. Nach 100 m endet die Straße, und vom kleinen Wendeplatz hat man einen großartigen Blick bis zum *Leuchtturm* von Schleimünde.

Wir überqueren **A** vorsichtig die Landstraße, fahren weiter geradeaus (**5,5 km**) und biegen bei **Hinrichshof** links zum *Weidefelder Strand* ab (**6,8 km**). Am Strandhotel halten wir uns hinter dem Parkplatz rechts und folgen dem Deichweg (**8,1 km**). Hinter dem Deich erstreckt sich bis Schönhagen ein langer *Sandstrand*.

Vor Schönhagen verlassen wir den Deichweg, biegen rechts ab (**9,7 km**) und schwenken bei

km 10,3 links in einen Spurplattenweg ein, der schon bald in einen Teerweg übergeht. Nach einem Rechts-links-Schwenk (**10,7 km**) biegen wir an der Touristinformation in **Schönhagen** rechts ab (**10,8 km**), radeln am *Schloss Schönhagen* vorüber (**11,3 km**) und biegen zum Hof Lückeberg links ein (**12,4 km**). Auf einem Spurplattenweg fahren wir an der Abzweigung zum Hof Lückeberg geradeaus (**13,3 km**) und schwenken bei **km 14,2** links in eine Teerstraße. Von der Straße *Schwonendahl* biegen wir am Ortsrand von **Karlsburg** links ab (**16,0 km**), verlassen an der Abzweigung nach Dörphof den *Ostseeküstenradweg* und biegen rechts ab (**16,7 km**). An der *Kirche* von **Karby** schwenken wir links in die *Eckernförder Straße* (**17,3 km**) und bei **km 17,9** noch mal links, passieren die B 203 in einer Unterführung, biegen gleich wieder links ab in Richtung Arnis (**18,1 km**) und radeln an der Abzweigung zur *Carlsburg* geradeaus (**19,3 km**).

Wir verlassen den Fuß-/Radweg der Kreisstraße Kappeln – Karby bei **km 20,1**, biegen rechts nach Arnis ein und halten uns an der Abzweigung von Charlottenhof links (**20,6 km**). In **Sundsacker** endet der Radweg (**21,0 km**) und nach 100 m erreichen wir die *Fähre*, die uns auf das gegenüberliegende Schleuufer nach **Arnis** bringt. In Arnis fahren wir von der Fähre geradeaus zur *Langen Straße* (**21,3 km**), biegen dort links ein und an der nächsten Straße wieder rechts (**21,4 km**).

Abstecher: Zur *Schifferkirche* zu Arnis fahren wir geradeaus auf der *Langen Straße* weiter und treffen am Ortsrand auf die Kirche. Ein Wanderweg führt rund um die kleinste Stadt Deutschlands am Schleuufer entlang.

Wir fahren am Parkplatz und am Segelhafen vorüber.

Abkürzung: Gleich hinter dem Sportboothafen führt ein schmaler, stellenweise unbefestigter Weg zum Kappelner Hafen.

33

In **Grödersby** biegen wir rechts nach Kappeln ab (vor **22,4 km**) und am Bahnübergang der Museumsbahn nochmals rechts in den Wald (**23,6 km**), passieren eine kleine Brücke (A Vorsicht: evtl. absteigen) und fahren zwischen Schützenhaus und Waldschänke hindurch (**24,2 km**). Anschließend radeln wir auf der Straße *Hüholz* am Ortsrand von **Kappeln** an der Schule vorüber, queren bei **km 24,8** an der Ampel die B 201, fahren auf dem schmalen Kiesweg *Schoolstieg* und an seiner Einmündung in die *Richard-Albert-Straße* geradeaus. An der abknickenden Vorfahrtstraße und der Abzweigung der *Schulstraße* fahren wir auf der *Flensburger Straße* weiter geradeaus (**25,6 km**).

Abstecher: Zum Gut Roest biegen wir hier links ab (2,2 km).

Am Ortsausgang von Kappeln beginnt ein Fuß-/Radweg. Diesem folgen wir bis zum Kreisverkehr (**26,6 km**), halten uns dort links, biegen am Ortsrand von **Sandbek** (**26,7 km**)

zweimal rechts ab (vor und hinter der Bushaltestelle), radeln auf der *Eulenstraße* am *Mühlenweg* vorbei und halten uns vor dem Löschteich von **Grummark** links (**27,6 km**). Auf der Straße *Grimsfeld fahren wir* geradeaus (**28,1 km**), biegen bei **km 28,3** rechts in den Fuß-/Radweg der B 199 ein, queren an der Abzweigung nach Grauhöft A die B 199 und biegen links nach **Grauhöft**

ein (**29,0 km**). An den Sportboothäfen radeln wir vorüber, passieren bei **km 29,8** eine Schranke und fahren am **Hafen von Kappeln** zum Ausgangspunkt zurück.
Auf der Hafentreppe können wir die Tour ausklingen lassen.

Abstecher: Zum *Museumshafen* und zum *Museumsbahnhof* fahren wir am Hafen geradeaus und passieren die Brückenauffahrt der Bundesstraße an der Unterführung.

Kappeln

St. Nikolai zählt zu den wenigen Barockkirchen im nördlichen Schleswig-Holstein und entstand 1793 an Stelle einer älteren Kapelle, von der sich der Ortsname Kappeln ableitet. Der Altar, den J. H. Gudewerdt der Jüngere 1641 im Knorpelbarock schnitzte, stammt aus der ehemaligen Kirche.

Die **Mühle Amanda** wurde als Galeriehollän-der-Mühle 1888 erbaut. Mit 32 m Höhe ist sie die höchste Mühle Schleswig-Holsteins. Heute beherbergt Mühle „Amanda" die Touristinfor-mation sowie ein Trauzimmer des Kappelner Standesamtes.

Neben der Brücke befindet sich Europas letz-ter **Heringszaun**. In den Boden gerammte Holzpfähle werden mit Weidengeflecht ver-bunden und bilden ein reusenartiges Gatter. Seit dem Mittelalter fing man in der Schlei mit diesen fest installierten, überdimensionalen Reusen Heringe. Im 17. Jh. befanden sich bis zu 38 solcher Zäune in der Schlei.

Im **Schlei-Museum** erfährt der Besucher viel über die maritime Geschichte der Stadt.

Von Mai bis September fährt auf der Strecke Kappeln – Süderbrarup an einigen Tagen die **Museumseisenbahn**.

Im **Museumshafen** am südlichen Hafenende lie-gen zahlreiche histori-sche Segelschiffe. Auf einigen Schiffen besteht die Möglichkeit, einen Törn mitzusegeln.

Klappbrücke

Seit 2002 öffnet die moderne Brücke für den Schiffsverkehr.

Ausgangspunkt:
Parkplatz am
Wikinger-Muse-
um in **Haddeby**

Tourverlauf: Von
Haddeby über
Fahrdorf, Borgwe-
del, Güby,
Fleckeby, Missun-
de, Winningmay-

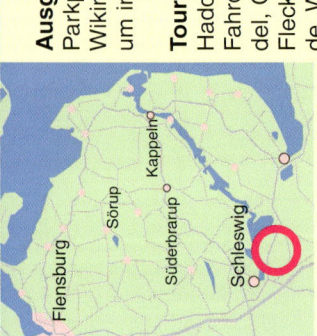

und Schleswig zurück nach Haddeby.

Auskunft: Touristinformation Schleswig
Tel. 0 46 21 - 85 00 56

Gesamtlänge der Tour: 38,0 km

WikingerTörn

Vom Wikinger-Museum in Haithabu führt die Tour über den Damm zwischen Schlei und Haddebyer Noor nach Fahrdorf. Von Borgwedel geht es über Louisenlund rund um die innere Schlei mit der Großen und Kleinen Breite.

In Missunde überqueren wir die Schlei an ihrer schmalsten Stelle und radeln über Brodersby nach Winningmay (Badestelle). Über eine herrliche Allee gelangen wir zum Radwanderweg „Alte Kreisbahntrasse", auf der wir zur alten Domstadt Schleswig gelangen. Hier erwarten den Radwanderer zahlreiche Sehenswürdigkeiten: Neben der sehr schön restaurierten Altstadt mit dem Rathausmarkt sind Dom, Schloss Gottorf, das Globushaus im Barockgarten und die Fischersiedlung Holm einen Besuch wert.

Unterwegs entdecken

Missunde

Fast 500 Jahre wurde die Missunder Fähre mit Muskelkraft bewegt. Erst 1969 erhielt sie ihren heutigen Motorantrieb.

Ein Ganggrab der jüngeren Steinzeit um 2300 v. Chr. steht versteckt auf einem Hügel bei Missunde.

Louisenlund

Das klassizistische Herrenhaus wurde 1776 für den Landgrafen Carl von Hessen erbaut. Zu Ehren seiner Frau Louise, der Schwester des dänischen Königs Christian VII., nannte er das Anwesen Louisenlund. Heute ist hier ein Internat untergebracht.

Wikinger-Museum Haithabu

Nachdem die archäologischen Ausgrabungen im Haddebyer Siedlungsgebiet und dem angrenzenden Hafengebiet 1980 vorläufig abgeschlossen wurden, eröffnete 1985 das Wikinger-Museum Haithabu in unmittelbarer Nähe der historischen Wikinger-Siedlung. Das Museum informiert in einer 2010 neu gestalteten Ausstellung über den derzeitigen Forschungsstand und gibt dem Besucher Einblick in das Leben der Menschen während der Wikingerzeit. Die Fundstücke zu den einzelnen Sachthemen reichen von Haushaltsgeräten über Bekleidung, Hausbau und Verteidigung bis zu kunstvoll gefertigten Schmuckstücken. Die archäologischen Funde werden durch Modelle, Graphiken und moderne Medien anschaulich erläutert und geben einen Eindruck vom Alltagsleben vor 1000 Jahren in Haithabu. In einem Raum werden an den Runensteinen die alten Schriftzeichen und die ungewöhnliche Reihenfolge der Schriftzeilen erläutert.

Innerhalb des Ringwalls im alten Siedlungsgebiet sind die rekonstruierten Wikinger-Häuser zu bestaunen, in denen zeitweilig Tischler, Weber und Steinmetze nach alter Tradition handwerkliche Arbeiten verrichten.

WikingerTörn

Ausgangspunkt ist der Parkplatz an der B 76 vor dem *Wikinger-Museum* in **Haddeby** (**0,0 km**). Von dort führt ein Radweg zum *Wikinger-Museum*, zum *Ringwall von Haithabu* und zu den rekonstruierten *Wikinger-Häusern*.

Anschließend fahren wir an der *Feldsteinkirche* von Haddeby vorbei zur B 76, überqueren die Bundesstraße vor dem *Historischen Gasthaus* und biegen rechts in den fahrbahnbegleitenden Radweg nach Fahrdorf ein. An der nächsten Kreuzung

Goltoft · 21,8 · 20,0 · Missunde · Fähre · Brodersby · Geel · Weseby · 16,6 · 14,3 · Götheby · Fleckeby · Füsing · Winningmay · Große Breite · Schlei · Louisenlund · 11,9 · Borgwedel · 25,5 · Moldenit · Allee · 26,6 · Güby · 9,8 · 26,9 · Kleine Breite · 7,7 · 6,2 · Stexwig · 5,1 · Holm · Fahrdorf · Loopstedt · Selker Noor · 31,0 · Dom · Wikinger Museum · Wikinger Häuser · 1,2 · Wedelspang · Schleswig · 34,4 · Haddeby · 0,0 · Busdorf · Schloss

(1,2 km) biegen wir links nach *Fahrdorf* ab und fahren geradeaus durch den Ort. *Fahrdorf* liegt direkt am Schleiufer und verfügt über eine *Badestelle* (Abzweigung Strandweg) (**2,5 km**). Anschließend folgt eine sanfte, aber lange Steigung, bis wir links nach *Stexwig* (**5,1 km**) abbiegen und bergab in den Ort rollen.

An dem kleinen *Bootshafen* (**5,9 km**) fahren wir vorüber, folgen anschließend der Rechtskurve der *Dorfstraße* und biegen bei **km 6,2** links in die *Bäderstraße* ein. Bei **km 7,7** schwenken wir links in die *Ringstraße*, erreichen *Borgwedel* und biegen an der Bauminsel links in den *Etkersbargredder* (**8,6 km**) ein. Nach weiteren 500 Metern biegen wir rechts in die Kreisstraße ein und schwenken bei **km 9,8** links nach *Güby*.

Dort halten wir uns an der großen Eiche links, fahren an der Abzweigung zur B 76 geradeaus und schwenken nach 50 m rechts in Richtung Louisenlund. Nachdem wir bergab

gerollt sind, fahren wir eine kurze Strecke leicht bergan, schwenken an der nächsten T-Kreuzung (**11,9 km**) nach rechts und nach wenigen Metern links in den fahrbahnbegleitenden Radweg der B 76. Wir passieren *Fleckeby*, fahren an der Abfahrt nach Götheby vorbei und biegen gleich darauf an der Fußgängerampel links in einen Sandweg ein (**14,3 km**). Nach 300 m radeln wir geradeaus, erreichen das *Schleiufer (Badestelle)* und folgen dem teilweise weichen Sandweg mit herrlichen Aussichten über die *Große Breite*. In *Weseby* (**16,6 km**) erreichen wir wieder einen Asphaltweg und biegen an der Kreuzung rechts in Richtung Kosel ab. Wir verlassen den Ort, halten uns bei **km 17,3** links und radeln auf einer schmalen Straße durch ein Waldgebiet.

An der Vorfahrtstraße biegen wir links ab in Richtung Missunde (**19,3 km**). Nach 100 m befindet sich rechts auf dem kleinen Hügel eine *Steinkammer* aus der jüngeren Stein-

zeit (etwa 2500 v. Chr.). Anschließend radeln wir zur *Schleifähre Missunde* hinunter (**20,0 km**). Auf beiden Seiten der Schlei laden Restaurants zu einer Pause am Schleiufer ein. Wir überqueren die *Schlei* auf der Seilfähre und radeln auf der Angeliter Schleiseite geradeaus weiter nach *Brodersby*. Ein Besuch der kleinen *romanischen Kirche* mit dem hölzernen Glockenturm ist lohnenswert. Neben der *Granittaufe* ist ein Schalenstein aus der jüngeren Steinzeit in die Kirchenwand eingemauert. Wir kommen am *Dorfmuseum* vorüber und biegen an der Kreuzung in *Brodersby* (**21,8 km**) links in die *Schleidörfer Straße* ein (Richtung Schleswig). In *Füsing* biegen wir links nach Winningmay ein, schwenken bei **km 25,5** vor einer Sackgasse nach rechts und erreichen in *Winningmay* das *Schleiufer* (**26,6 km**)*(Badestelle)*.

Hier halten wir uns rechts, radeln weiter auf dem Plattenweg über den Deich und überqueren die *Füsinger Au* (**27,4 km**) auf einer

Holzbrücke. Nach 100 m schwenken wir vor einem einzelnen Haus nach rechts, vor dem *Reiterhof* St. Georg nochmal nach rechts und radeln durch eine herrliche *Allee* zur *Schleidörfer Straße* (**26,3 km**). Hier schwenken wir links in den fahrbahnbegleitenden Radweg, nach 400 m rechts in die *Winninger Straße* und erreichen nach weiteren 200 m den ehemaligen Haltepunkt der Kleinbahn in *Winning* (**26,9 km**). Hier schwenken wir links in den Sand- und Grasweg der ehemaligen *Kreisbahntrasse*, die heute als Radweg Schleswig mit Süderbrarup verbindet (**A** nicht auf die parallel verlaufende Straße schwenken). Auf der Kreisbahntrasse überqueren wir eine Brücke, fahren am Gelände *Auf der Freiheit* mit dem dänischen Gymnasium vorüber und erreichen in *Schleswig* die Abzweigung zur Fischersiedlung Holm.

Wir folgen dem *Wikinger-Friesen-Weg* geradeaus, schwenken bei **km 31,0** nach links, überqueren eine kleine Holzbrücke und fahren geradeaus in den schmalen Fuß-/Radweg.

Nach 50 m gelangen wir zur Kreuzung *Königstraße*, befinden uns nun mitten in der *Altstadt von Schleswig* und folgen dem Radwegweiser links zum *Dom*. Vor der Touristinformation schwenkt der Radweg nach rechts.

Abstecher: Für einen Stadtbummel durch die *Altstadt*, zur *Fischersiedlung Holm* und zum *Dom* halten wir uns links.

Anschließend fahren wir zur Touristinformation zurück und folgen dem *Wikinger-Friesen-Weg* und der WikingerTour bis zur Kreuzung. Hier schwenkt der Weg nach links und führt parallel zur Fußgängerstraße auf der *Königstraße* zum *Schloss Gottorf*. Empfehlenswerter ist es, das Rad durch die Fußgängerstraße *Stadtweg* zu schieben und anschließend mit einem Links-rechts-Schwenk wieder auf die *Königstraße* zu gelangen. Am *Schleiufer* entlang erreichen wir *Schloss Gottorf* (**34,4 km**). Dort schwenken wir nach links und radeln am Landgericht vorüber bis zur Unterführung. Mit einem Links-rechts-Schwenk kommen wir am *Stadtmuseum* und einigen Geschäften vorbei.

Schließlich überqueren wir eine Straße, fahren geradeaus Richtung Kropp/Busdorf, schwenken nach 100 m links in den Radweg nach Haddeby, radeln durch eine Unterführung, kommen am *Strandcafé Marienbad* vorbei und radeln am Schleiufer nach *Haddeby*. Dort schwenken wir nach links und überqueren vor dem *Historischen Gasthaus* die Bundesstraße (**37,6 km**). An der *Feldsteinkirche* vorbei gelangen wir wieder zu unserem Ausgangspunkt beim *Wikinger-Museum*.

Schleswig

Die alte Bischofsstadt und Residenz der Gottorfer Herzöge gilt heute als Kulturhauptstadt Schleswig-Holsteins, dafür sorgen schon die großen Landesmuseen im Schloss Gottorf, am Hesterberg und in Haddeby (Wikinger-Museum Haithabu mit den Wikinger-Häusern am Haddebyer Noor) sowie das Globushaus. Daneben erwartet den kulturinteressierten Besucher noch das Städtische Museum mit seinen Dependancen.

Einen weiteren Höhepunkt bietet der Dom mit seinen zahlreichen Kunstschätzen, darunter der größte norddeutsche Schnitzaltar von Hans Brüggemann.

Ein Rundgang durch die lebendige Altstadt ist bei Touristen und Einheimischen sehr beliebt. Zwischen kunstvoll restaurierten Gebäuden laden Straßencafés zu einer Pause ein.

Vom Rathaus und Graukloster gelangt man zur Fischersiedlung Holm und zum St.-Johannis-Kloster. Hier scheint die Zeit seit einhundert Jahren stehengeblieben zu sein.

Ausgangs-punkt ist das Marine-Ehren-mal in **Laboe**

Tourverlauf:
Von Laboe über Stein, Lutterbek, Passade, Tökendorf, Schönkirchen, Mönkeberg und Heikendorf zurück nach Laboe.

Auskunft: Touristinformation Laboe
24235 Laboe, Börn 2,
Tel. 0 43 43 - 42 75 59

Gesamtlänge der Tour: 34,0 km

Vom Ehrenmal in Laboe zum Dobersdorfer See

Vom weithin sichtbaren Ehrenmal führt die Tour durch die Dünenlandschaft am Naturzentrum vorbei nach Aukrug. In Stein verlassen wir den Ostseeküstenradweg und radeln zwischen sanft hügeligen Feldern über Lutterbek und Prasdorf zum Passader See.

Von Passade bis Wulfsdorf radeln wir auf einem unbefestigten Pfad oberhalb des Seeufers. Anschließend fahren wir über Tökendorf und Schönkirchen nach Mönkeberg. In Mönkeberg gelangen wir wieder an die Kieler Förde und folgen dem Ostseeküstenradweg immer am Ufer der Förde entlang. Hier können wir die „dicken Pötte", die den Nord-Ostsee-Kanal passieren, aus nächster Nähe bestaunen.

Unterwegs entdecken

Marine-Ehrenmal in Laboe

Am nordöstlichen Ende des zwei Kilometer langen Sandstrandes steht das weithin sichtbare Ehrenmal. Das Monument wurde in den Jahren 1927 bis 1936 nach den Plänen des Architekten Munzer errichtet und ist den gefallenen Seeleuten der Weltkriege gewidmet.

Über 335 Stufen oder (bequemer) mit einem Fahrstuhl erreicht man die Aussichtsplattform in 85 Metern Höhe. Von hier hat man bei klarem Wetter eine herrliche Weitsicht über die Förde und Ostsee bis zu den dänischen Inseln.

Laboe

Der bekannte Badeort lockt mit seinem zwei Kilometer langen, flach abfallenden, feinen Sandstrand und einem Meerwasserwellen-

bad jedes Jahr zahlreiche Feriengäste. Vom Hafen, in dem Fischer- und Sportboote friedlich nebeneinander liegen, werden Ausflugsfahrten und Angeltörns angeboten, außerdem verbindet eine Fährlinie Laboe über Heikendorf und Mönkeberg mit Kiel.

FördeTour

Ausgangspunkt dieser Tour ist das weithin sichtbare *Marine-Ehrenmal* von **Laboe** (**0,0 km**).

Vom Ehrenmal schwenken wir nach rechts, folgen dem *Strandweg* 300 m in nordwestlicher Richtung und radeln in der Rechtskurve (**0,3 km**) geradeaus in den Sandweg der *Dünenlandschaft* (Naturzentrum). Nach einem kurzen, steilen Anstieg (**0,8 km**) schwenken wir in **Aukrug** links in den fahrbahnbegleitenden Radweg Richtung Stein.

Vor der Ortschaft **Stein** zweigt links der *Ostseeküstenradweg* ab. Wie fahren hier weiter geradeaus und biegen in **Stein** rechts in den *Dorfring* Richtung Lutterbek (**3,0 km**) ein. In **Lutterbek** (**5,5 km**) rollen wir die *Dorfstraße* hinunter, halten uns an der Kreuzung (**5,7 km**) halbrechts, fahren weiter auf der *Dorfstraße* und schwenken bei **km 5,8** links in die *Mühlenstraße* Richtung Prasdorf.

In **Prasdorf** radeln wir geradeaus Richtung Passade (**7,6 km**), fahren an der Abzweigung zum Bauernhofcafé geradeaus weiter auf der *Dorfstraße* und biegen 50 m vor dem Ortsende von **Prasdorf** (**8,3 km**) links in den knickgesäumten Spurplattenweg Richtung Passade ein (Radwegweiser). Bei **km 9,7** passieren wir die Bahngleise, überqueren **A** vorsichtig die Vorfahrtstraße *Grüner Jäger* (**10,0 km**) und schwenken links in den fahrbahnbegleitenden

45

Radweg Richtung Passade. Nach 200 m biegen wir rechts in die *Dörpstraat* ein und erreichen Passade. Dort halten wir uns an der nächsten Weggabelung rechts, rollen am Backhaus vorbei (**10,6 km**), schwenken vor dem Seeufer rechts in die Straße *An't Schaar* und halten uns nach wenigen Metern links.

Auf dem Sand- und Pflasterweg, den wir in der ersten Rechtskurve (**10,9 km**) gleich wieder verlassen, radeln wir leicht bergan und fahren geradeaus, dem Radwegweiser folgend, auf den unbefestigten Pfad oberhalb des Seeufers. A Achtung, dieser Streckenabschnitt ist bei Nässe rutschig!

Bei **km 12,1** radeln wir auf einem Wirtschaftsweg geradeaus weiter, schwenken rechts in die Asphaltstraße (**12,7 km**), passieren **Wulfsdorf**, überqueren vorsichtig die Vorfahrtstraße (**13,1 km**) und schwenken links in den fahrbahnbegleitenden Radweg. Auf der *Dorfstraße* radeln wir durch **Tökendorf** und biegen am Ende des Ortes bei **km 16,4**

rechts in den *Schönhorster Weg* nach Schönkirchen ab (A Achtung, kein Radweg!). Nach 2,5 km schwenken wir rechts in den fahrbahnbegleitenden Radweg nach Schönkirchen (**18,9 km**), fahren auf der *Schönhorster Straße* durch **Schönhorst** und biegen in **Schönkirchen** rechts in die Straße *Plüßkuhle* Richtung Mönkeberg (**20,6 km**) ein.

Bei **km 21,0** schwenken wir rechts in die *Mühlenstraße*, gelangen an der Ampel mit einem Links-rechts-Schwenk in den *Mönkeberger Weg* (**21,2 km**) und gelangen nach **Mönkeberg**.

Auf einer Brücke (**22,3 km**) überqueren wir die B 502, radeln immer weiter geradeaus durch **Mönkeberg**, überqueren an der Kreuzung (Ampel) den *Heikendorfer Weg* (**24,1 km**) und fahren geradeaus in den *Gänsekrugweg* Richtung Strand. An der nächsten Weggabelung radeln wir geradeaus auf der *Stubenrauchstraße* zum **Strand**, schwenken am **Fähranleger Mönkeberg** (**25,0 km**)

rechts in den *Ostseeküstenradweg*, folgen dem schmalen Weg am Waldrand entlang, biegen anschließend links in den *Stormdeich* (**25,7 km**) ein und kommen an *Badestränden* und einer weiteren Anlegebrücke vorbei. Schließlich entfernt sich der Radweg vom Ufer und führt durch den Wald.

Bei **km 26,2** fahren wir an der Weggabelung links in die *Konsul-Lieder-Allee*, folgen nach 400 m dem Radwegweiser des Ostseeküstenweges nach links. A Achtung, der allgemeine Radwegweiser zeigt geradeaus!

Wir erreichen wieder das *Fördeufer*, halten uns an der T-Kreuzung rechts, passieren eine Holzbrücke (**27,5 km**), fahren einen Links-rechts-Schwenk, kommen am Fähranleger und der *Seebadeanstalt* (**28,1 km**) vorbei und radeln weiter am *Fördeufer* entlang. Die großen „Pötte", die in den Nord-Ostsee-Kanal nutzen, scheinen hier zum greifen nah.

In **Möltenort** folgen wir der Rechtsbiegung der Straße, verlassen kurzzeitig das Ufer, fol-

47

gen den Radwegweisern und gelangen bei **km 29,2** am Möltenorter Strandpavillon wieder zum *Strand*. Hier biegen wir rechts ab, schwenken an der T-Kreuzung (**29,8 km**) nach links und folgen dem Ostseeküstenweg Richtung Laboe.

A Der Uferweg führt im weiteren Verlauf über das Marine-Depot-Gelände. Sollte der Weg gesperrt sein – Anzeigetafel bei km 30,0 –, können wir das Gelände über Neuheikendorf und Brodersdorf umfahren.

Bei **km 31,0** müssen wir das Rad über eine Brücke schieben (**A** Achtung, steile Rampe!), anschließend radeln wir weiter am Ufer der Förde nach **Laboe**, fahren geradeaus am *Hafen* vorüber und biegen links in die *Reventloustraße* (**32,8 km**) ein (Fußgängerstraße – Radfahrer erlaubt). Nach 200 m schwenken wir nach rechts in Richtung Ehrenmal, radeln am *Meerwasserschwimmbad* vorbei und erreichen am *Marine-Ehrenmal* wieder unseren Ausgangspunkt.

Ausgangspunkt: ist der Bahnhof in **Eutin**

Tourverlauf: Von Eutin durch das Beutiner Holz und weiter über Niederkleveez, Timmdorf, Malente-Gremsmühlen, und Uklei zurück nach Eutin.

Auskunft: Kurverwaltung Malente Bahnhofstraße 4a, 23714 Malente Tel. 0 45 23 - 95 90 12-0

Gesamtlänge der Tour: 34,0 km

SeenTour

Vom Bahnhof in Eutin führt die Tour durch den Beutiner Forst, weiter am Südrand von Gremsmühlen vorbei nach Niederkleveez. Bis Timmdorf führt uns der Weg über die Landzunge, die den Dieksee vom Behlensee trennt. Durch das ausgeprägte Hügelland der Holsteinischen Schweiz erreichen wir Malente-Gremsmühlen, wo sich ein Besuch des Wildparks oder des Heimatmuseums in der Alten Räucherkate lohnt.

Auch die Glasbläserei, an der unsere Tour vorbeiführt, ist einen Besuch wert. Anschließend radeln wir über Sielbeck und Uklei meist dicht am bewaldeten Ufer des Kellersees zurück nach Eutin. Besonders auf diesem Streckenabschnitt wird der Radwanderer mit herrlichen Ausblicken über den Kellersee belohnt.

Diese Tour verläuft größtenteils auf Kies- und Waldwegen.

Unterwegs entdecken

Eutin

Der hoch gelegene Wasserturm bietet dem Betrachter einen herrlichen Blick über die ehemalige Kreisstadt. Ihr mittelalterlicher Marktplatz mit dem Witwenhaus von 1638, dem klassizistischen Rathaus sowie der St.-Michaelis-Kirche aus dem 13. Jh. bildet noch heute den zentralen Treffpunkt für Einheimische und Besucher.

Das Eutiner Schloss entstand auf den Grundmauern einer Burg aus dem 13. Jh. Die späteren von Fürstbischof Christian durchgeführten Umbauten prägen noch heute das Erscheinungsbild des Schlosses. Besonders hervorzuheben sind hierbei der Blaue Saal und die Schlosskapelle mit der Fürstenloge.

Fünf-Seen-Fahrt

Die Schiffe der Weißen Flotte laden im Sommer auch zu Abendfahrten bei Lampion- und Kerzenlicht mit Musik ein. Die Abfahrtstellen sind in der Karte auf Seite 50 eingezeichnet.

Malente-Gremsmühlen

Der anerkannte Kneipp- und Luftkurort besteht aus mehreren Ortsteilen und liegt eingebettet zwischen Dieksee und Kellersee. Im Ortsteil Gremsmühlen lohnt sich ein Besuch des Heimatmuseums, das in der **Alten Räucherkate** aus dem 17. Jh. sein Domizil gefunden hat.

Gremsmühle

Die Schwentine passiert auf ihrem Weg vom Südhang des Bungsberges zur Kieler Förde die Holsteinische Schweiz und verbindet den Kellersee mit dem Dieksee.

Nahe der Anlegestelle der Fünf-Seen-Fahrt steht die alte Wassermühle, die dem Ort seinen Namen gab.

Tour 7

SeenTour

Ausgangspunkt dieser Tour ist der Bahnhof von **Eutin**, Ausgang Elisabethstraße **(0,0 km)**.

Von hier schwenken wir rechts in den fahrbahnbegleitenden Radweg der *Elisabethstraße*, überqueren nach 200 m die *Plöner Straße* an der Ampel und radeln mit einem Links-rechts-Schwenk die *Waldstraße* hinauf. An deren Ende **(0,7 km)** schwenken wir rechts in den Fuß-/Radweg und fahren unter der Fußgängerbrücke hindurch. Anschließend überqueren wir **A** vorsichtig die Vorfahrtstraße, radeln weiter auf dem *Schützenweg* und verlassen **Eutin**. Auf dem festen Sandweg

fahren wir am Festplatz vorüber (**1,2 km**) und schwenken nach ca. 200 m links in einen schmalen Fuß-/Radweg, passieren wenig später eine Unterführung und biegen bei **km 2,1** rechts in die Asphaltstraße Richtung Plön ein. Nach 200 m halten wir uns halblinks, folgen dem Radwegweiser Nr. 19 in den Waldweg und nach weiteren 100 m nochmal links in den *Ohrthweg*.

Wir radeln nun auf einem breiten Forstweg durch einen herrlichen Buchenwald. An der Weggabelung bei **km 3,8** halten wir uns links, Richtung Plön, schwenken am Waldsee neben einem Unterstand (**4,1 km**) nach rechts und radeln an einem weiteren Unterstand (**4,6 km**) geradeaus.

Bei **km 5,6** erreichen wir wieder eine Asphaltstraße (rechts sehen wir eine *denkmalgeschützte Allee*) und radeln geradeaus durch die Siedlung *Rachut*.

Am Ende der Siedlung (**6,1 km**) überqueren wir A vorsichtig eine Vorfahrtstraße, fahren geradeaus in den Waldweg Richtung Plön und radeln durch ein ehemaliges Kiesabbaugebiet mit steil abfallenden Hängen. An der Weggabelung bei **km 7,1** halten wir uns links, radeln anschließend an der Wegkreuzung im Wald geradeaus und fahren auf dem Forstweg noch etwa 50 m weiter leicht bergan.

Anschließend rollen wir bergab, folgen der Rechtsbiegung des Hauptweges (**8,5 km**) und biegen nach 200 m vor dem Steilufer des *Dieksees* links ab nach Niederkleveez.

Wir verlassen das Waldgebiet, radeln auf dem Europäischen Fernwanderweg (✱) zwischen Ferienhäusern am Seeufer entlang, schwenken bei **km 9,7** rechts in die Asphaltstraße, bei **km 10,3** nochmal rechts nach Timmdorf in den *Timmendorfer Weg* und fahren nun auf der Landzunge, die den *Dieksee* vom *Behler See* trennt.

Neben einer Holzbrücke (**11,8 km**) gibt es am Ufer des Dieksees einen Rastplatz und eine *Abfahrtstelle für die Fünf-Seen-Fahrt* der Weißen Flotte. Anschließend radeln wir in *Timmendorf* an der *Räucherkate* vorbei und schwenken vor den Bahnschranken (**12,1 km**) rechts in den Radweg nach Malente.

Mit einem Linksschwenk passieren wir auf einer Brücke die Bahngleise (**13,0 km**), überqueren gleich darauf A vorsichtig die Kreisstraße und radeln geradeaus weiter Richtung Neversfelde.

Dem Waldweg folgend, radeln wir durch den hügeligen Forst, schwenken am Rastplatz am Ende des Waldes nach rechts und erreichen den *Hof Radlandsichten*. Ein Ferien-Bauernhof mit Parkanlage und *Damwildgehege*. Vor dem Hof folgen wir dem Weg nach rechts, am Ende des Weges noch mal rechts und fahren recht steil bergauf nach *Malente-Neversfelde*.

Nachdem wir *Neversfelde* passiert haben, rollen wir bergab durch ein Waldgebiet und kommen am *Heimatmuseum*, das in der reetgedeckten *Alten Räucherkate von 1634* seinen Platz gefunden hat, vorbei. Anschließend überqueren wie die Bahngleise, schwenken links in die *Bahnhofstraße* (**20,0 km**), an deren Ende geradeaus in die *Janusallee* und vor dem Seeufer an der *Glasbläserei* links in den Radweg (**20,9 km**).

Bei **km 21,4** biegen wir rechts in die *Kellerseestraße* ein, Richtung Jugendherberge. Der Weg führt uns zu einem schmalen Fußweg (**22,4 km**), der recht steil ansteigt (hier sollten wir das Rad schieben). Diesem folgen wir etwa 50 m, biegen rechts in die schmale Allee Richtung Sielbeck ein und erreichen auf dem *Wildkirschenweg* die Landesstraße (**22,7 km**). Hier biegen wir rechts ab und radeln auf dem Sandweg neben der Straße in Richtung Sielbeck.

Bei **km 23,6** schwenken wir halbrechts in den Waldweg und folgen dem schmalen Weg, der sich am Seeufer entlangwindet. An der nächsten T-Kreuzung (**24,4 km**) biegen wir rechts ab und gelangen zu einer steilen Gefälle-

strecke mit Absätzen A **Achtung! Unbedingt absteigen!**

Am Ortsanfang von **Sielbeck** (**26,2 km**) schwenken wir rechts in den fahrbahnbegleitenden Fuß-/Radweg der *Eutiner Straße*, biegen gleich hinter dem *Fährhaus Uklei* (**26,9 km**) rechts in den Waldweg ein und folgen weiter dem Fernwanderweg (✶) am Seeufer entlang.

An der T-Kreuzung (**28,4 km**) halten wir uns rechts, radeln weiter durch den Wald am Ufer entlang, schwenken an der Weggabelung (**29,4 km**) nach rechts und an einem kleinen Park noch mal rechts.

Vor dem *Hotel See Schloss* (**30,7 km**) biegen wir links in den *Christine-Bölck-Weg* ein, radeln an der *Schwentine* entlang, passieren diese auf einer Holzbrücke (**31,3 km**) und gelangen nach **Neumühlen**. An der Weggabelung in **Neumühlen** (**31,4 km**) halten wir uns links, fahren auf die große Kreuzung zu, erreichen **Eutin**, überqueren nach 100 m die

Sielbecker Landstraße und fahren geradeaus Richtung Zentrum. Am Kreisverkehr (**32,6 km**) schwenken wir nach rechts, radeln die Straße bergauf und fahren an der ersten Kreuzung geradeaus.

Bei **km 33,3** folgen wir der Linkskurve, radeln auf der *Plumpstraße* bis zur *Plöner Straße*, überqueren diese, fahren geradeaus in die *Bahnhofstraße* und erreichen nach 200 m wieder den Bahnhof in **Eutin**.

Ausgangspunkt ist die Touristinformation am Parkplatz Schlosswiese in Ratzeburg

Tourverlauf: Von Ratzeburg über Bäk, Utecht, Rothenhusen, Klein Sarau, Groß Disnack und Einhaus zurück nach Ratzeburg.

Auskunft: Ratzeburg Information
Tel. 0 45 41 - 80 00 886
Herzogtum Lauenburg Marketing & Service GmbH – Tel. 0 45 41 - 80 21 10

Gesamtstrecke: 29,3 km

Um den Ratzeburger See

Von Ratzeburg führt die Tour an der Ostseite des Ratzeburger Sees durch eine hügelige Kulturlandschaft aus weiten Äckern, Wiesen und Wäldern nach Norden. Dabei radeln wir durch alte Alleen im Naturpark Lauenburgische Seen, vorbei an alten Bauerndörfern mit reetgedeckten Fachwerkhäusern. Beim Fährhaus in Rothenhusen überqueren wir die Wakenitz. Von hier werden Ausflugsfahrten mit dem Boot nach Ratzeburg oder auf der Wakenitz angeboten.

Vor Klein Sarau kommen wir an einem sagenumwobenen Grabhügel aus der Bronzezeit vorüber; treffen in Groß Disnack auf die Alternativ-Route der Alten Salzstraße und radeln auf dieser Route, überwiegend auf schmalen Nebenstraßen, nach Ratzeburg zurück.

Unterwegs entdecken

Ratzeburg
siehe Seite 59

Fährhaus Rothenhusen
Das Fährhaus liegt am Ablauf der Wakenitz aus dem Ratzeburger See. Von hier werden Ausflugsfahrten auf dem See, nach Ratzeburg und auf der Wakenitz bis Lübeck angeboten.

Grabhügel bei Klein Sarau
Um den Grabhügel aus der Bronzezeit (ca. 1200 v. Chr.) ranken sich zahlreiche Legenden.

Campow
Altes Bauerndorf mit reetgedeckten Fachwerkhäusern und alter Lindenallee

Ausgangspunkt ist die Touristinformation am Parkplatz Schlosswiese in **Ratzeburg (0,0 km)**. Von dort wenden wir uns nach links, queren den Parkplatz und fahren links neben dem Eispavillon durch die Unterführung. Am nächsten Querweg schwenken wir nach links und radeln am Seeufer entlang.

Abstecher zur Domhalbinsel: Am Seehotel **(0,8 km)** links abbiegen, nach 300 m *Am Markt* weiter geradeaus in die *Domstraße*. Diese führt an den **Museen** vorüber zum **Dom**. Der Uferweg führt an Hallenbad und Seebadestelle vorüber **(1,1 km)**. Vor einer kleinen Brücke biegen wir links ab **(1,6 km)**, folgen der Straße *Am Mühlengraben* und passieren den Standort einer ehemaligen Wassermühle, von der nur noch die Wassertreppe erhalten ist, die einst das Mühlrad antrieb **(2,0 km)**. Bei **km 2,2** schwenken wir an der Vorfahrtstraße (B 208) nach links, queren die Abzweigung nach Bäk **(2,6 km)**, folgen der abknickenden Vorfahrtstraße nach links und biegen gleich darauf rechts in den *Bäker Weg* ein. Der Weg führt am Waldrand entlang und bietet immer wieder einen

Blick über den **Ratzeburger See** zum **Dom**. Am Ende des *Bäker Weges* (**3,2 km**) fahren wir einen Rechts-links-Schwenk, radeln an einer Quelle vorbei und folgen dem Waldweg bergauf bis zu einem Rastplatz (**3,6 km**). Hier bietet sich noch einmal ein herrliches Panorama mit See und Dom. Direkt vor dem Parkplatz fahren wir einen Rechts-links-Schwenk und folgen dem Fuß-/Radweg neben der Straße *Zur schönen Aussicht*. **A** Bei **km 4,3** wechselt der Radweg von der rechten auf die linke Fahrbahnseite.

An der nächsten T-Kreuzung (**4,8 km**) biegen wir rechts ab, Richtung Mechow, schwenken nach 200 m vor dem historischen Dorfkrug links in den *Neuhofer Weg* und fahren auf dem knickgesäumten Weg bis zur Abzweigung Forsthaus Kalkhütte (**6,6 km**). **A** Achtung diese Ausschilderung ist in einigen Radwanderkarten anders dargestellt. Hier biegen wir links ab, an der folgenden Querstraße (**7,0 km**) rechts und rollen durch den Wald bergab (**A** 10 % Gefälle).

Nach einer kurzen Steigung (**8,4 km**) schwenken wir links in einen Sandweg. Den kleinen Ort **Campow** (**10,0 km**) mit seinen reetgedeckten Bauernhäusern und der alten **Linden-allee** queren wir auf der *Dorfstraße*. In **Utrecht** (**11,2 km**) verlassen wir die *Campower Straße*, biegen links nach

57

Schattin ab und radeln nach 200 m, in der Rechtskurve der abknickenden Vorfahrtstraße, geradeaus in die *Wiesenstraße*. Wir fahren rechts am Feuerwehrhaus vorüber, queren bei **km 11,8**  vorsichtig die Vorfahrtstraße und schwenken links in den fahrbahnbegleitenden Radweg. Beim *Fährhaus Rothenhusen* (**13,0 km**) überqueren wir neben einem Bootshafen die *Wakenitz*. Ab hier werden auch Bootsfahrten auf dem Ratzeburger See und auf der Wakenitz angeboten.

Anschließend überqueren wir  die Bundesstraße (**13,9 km**), schwenken rechts in den fahrbahnbegleitenden Radweg und biegen vor dem Kreisverkehr (**14,2 km**) links in die schmale Straße nach Tüschenbek ein. Kurz vor einer Linkskurve (**16,3 km**) schwenken wir rechts in einen breiteren Sandweg ( der Wegweiser steht fast zugewachsen am gegenüberliegenden Knick) und rollen bergab. Stellenweise kommt das alte Naturpflas-

ter unter dem Sand zum Vorschein. An der nächsten Querstraße (**17,0 km**) biegen wir links ein und kommen nach 200 m an einem sagenumwobenen *Grabhügel aus der Bronzezeit* vorüber. Ein Pfad führt zum Hügel hinauf.

Bei **km 17,8** folgen wir halbrechts der Asphaltstraße und halten uns in **Klein Sarau** (**18,5 km**) in der scharfen Rechtskurve der Vorfahrtstraße links. Den Ort queren wir auf der *Dorfstraße* und verlassen ihn in Richtung Groß Disnack. An der Abzweigung der „Alternativ-Route Alte Salzstraße" (**21,1 km**) fahren wir geradeaus, ebenso an der Abzweigung Holstendorf mit einem Buswartehäuschen (**22,6 km**). Anschließend radeln wir über den **Klosterberg** (**23,1 km**), fahren an zwei Abzweigungen geradeaus und erreichen **Klein Disnack** (**23,6 km**). Wir folgen im Dorf dem *Wendendamm*, biegen bei **km 25,0** rechts ab, schwenken an der nächsten T-Kreuzung (**25,4 km**) nach links und radeln auf

der *Hauptstraße* durch **Einhaus**. Die Bundesstraße queren wir an der Ampel (**27,1 km**) ( absteigen), gehen geradeaus durch die Bahnunterführung und fahren anschließend mit einem Rechts-links-Schwenk in die *Lübecker Straße*. Auf dieser gelangen wir nach **Ratzeburg** (**27,9 km**), fahren weiter geradeaus bis zur *Bahnhofsallee* (**28,7 km**) und biegen dort links in den fahrbahnbegleitenden Radweg ein. An der Ampel schwenken wir links zum Parkplatz Schlosswiese (**29,3 km**) und erreichen wieder unseren Ausgangspunkt an der Touristinformation.

58

Ratzeburg
Domstadt auf der Insel

Auf einer Insel, eingerahmt von Ratzeburger See, Domsee, Küchensee und Kleinem Küchensee, liegt die Ratzeburger Altstadt. Wer vom Schiffsanleger Schlosswiese den roten Löwentatzen auf dem Pflaster folgt, wandert auf knapp drei Kilometern durch die über 900-jährige Geschichte der Domstadt. Harmonisch fügen sich Badestellen an den Seen und Parkanlagen in das historische Stadtbild. Vom Burgtheater gelangt man zum Markt. Er bildet das Zentrum der Altstadt. Hier befindet sich das Alte Rathaus, die Alte Wache mit einer klassizistischen Front und die ehemalige Regierungskanzlei aus dem 18. Jahrhundert.

Einige Schritte südlich des Marktes liegt hinter dem Barlachplatz die Stadtkirche St. Petri. Sie ist die einzige Querschiffskirche in Nord-elbien und Hauptkirche des Herzogtums Lauenburg, gebaut für die Bürger der Stadt und die Garnision. Daneben befindet sich das alte Vaterhaus des Bildhauers, Malers und Schriftstellers Ernst Barlach.

Den Löwentatzen weiter folgend, gelangt man über den Domhof zum A.-Paul-Weber-Museum und zum 1764 als Sommerresidenz für Herzog Adolf Friedrich von Mecklenburg Strelitz erbauten Herrenhaus. Seit 1973 beherbergt das Herrenhaus das Kreismuseum. Im oberen Stockwerk ist der Rokokosaal mit reicher Stuckdekoration erhalten. Nun liegt der Dom, bewacht durch einen bronzenen Löwen, schon vor einem.

Die Grundsteinlegung des Domes erfolgte 1154 unter Bischof Evermod. Um 1220 wurde die dreischiffige gewölbte Pfeilerbasilika, eine der ältesten und bedeutendsten romanischen Backsteinkirchen im norddeutschen Raum, vollendet. Den Abschluss bildete 1220 die Fertigstellung der südlichen Vorhalle mit den vielfältigen Zierformen im Giebel. 1251 entstanden an der Nordseite der Kreuzgang und das Kapitelhaus. **Ausgangspunkt** ist der Bahnhof in Mölln

59

Tourverlauf: Von Mölln über Lehmrade, Kehrsen, Gudow, Göttin und Güster zurück nach Mölln.

Auskunft:
Kurverwaltung Mölln – Tel. 0 45 42 - 70 90
Herzogtum Lauenburg Marketing & Service
GmbH – Tel.: 0 45 41 - 80 21 10

Gesamtstrecke: 36,2 km

Von Mölln zu den Sandbergen bei Göttin

Die Tour führt von Mölln an den bewaldeten Ufern des Schmalsees und des Lüttauer Sees entlang. Am Ortsrand von Lehmrade lohnt ein Abstecher zum Oldenburger Wall, einer slawischen Wallanlage.

In Kehrsen kommen wir an den Resten einer mittelalterlichen Wehranlage vorüber und radeln zwischen weiten Feldern hindurch nach Gudow mit seiner Feldsteinkirche aus dem 12. Jh. Anschließend umfahren wir den Gudower See, radeln am Rand des Naturschutzgebietes „Sandberge bei Göttin" vorüber und erreichen in Güster den Elbe-Lübeck-Kanal. Ab hier folgen wir dem westlichen Kanalufer in nördlicher Richtung zurück nach Mölln.

Unterwegs entdecken

Mölln

An der alten Salzstraße, auf der das „weiße Gold" von den Lüneburger Salzstöcken zum Lübecker Hafen transportiert wurde, umschließen acht Seen und der Elbe-Lübeck-Kanal die Stadt wie eine Halbinsel.

Möllns wechselvolle Geschichte ist durch den Salzhandel geprägt. 1188 erstmals urkundlich erwähnt, lag Mölln an der Lübecker Stadtgrenze, die sich bis an den Möllner See erstreckte. Unter dänischer Herrschaft bekam Mölln 1202 das Stadtrecht und ist somit eine der ältesten Städte in Schleswig-Holstein.

Durch Salzhandel und Zolleinnahmen kam die Stadt im Mittelalter zu ansehnlichem Wohlstand. Noch heute zeugen das alte Rathaus (eines der ältesten in Schleswig-Holstein), der Stadthauptmannshof als ehemaliger Amtssitz des Lübecker Stadthauptmanns und schmucke Giebelhäuser im Fachwerkstil vom Reichtum der Stadt in jener Zeit. Der Markt unterhalb der St.-Nikolai-Kirche zieht noch immer die Besucher der Stadt in seinen Bann. Mittelpunkt ist der Eulenspiegelbrunnen. Es heißt, wer den Daumen der bronzenen Plastik berührt, wird sein Glück finden und wieder nach Mölln zurückkehren.

Gudow

Die Feldsteinkirche mit dem hölzernen Turm in Gudow, um 1160 errichtet, zählt zu den ältesten Kirchen im Herzogtum Lauenburg.

Oldenburger Wall bei Lehmrade

Die slawische Wallanlage bietet im Herbst ideale Beobachtungsbedingungen auf den Kranichsammelplatz.

Vom Bahnhof in **Mölln** schwenken wir nach links (**0,0 km**), fahren nach 50 m geradeaus in die abknickende Vorfahrtstraße und nach weiteren 100 m geradeaus in die verkehrsberuhigte Straße. Die nächste Kreuzung überqueren wir an der Ampel (**0,3 km**) und fahren weiter geradeaus auf der *Hauptstraße*.

Abstecher: *Marktstraße* (**0,6 km**) (Einbahnstraße in entgegengesetzter Richtung), *Schäferstraße* und *Till-Eulenspiegel-Gang* (**0,7 km**) führen links zum Marktplatz. Rund um den *Marktplatz* befinden sich *Rathaus, Till-Eulenspiegel-Museum, Till-Eulenspiegel-Brunnen* und *St.-Nikolai-Kirche*.

Bei **km 0,8** biegen wir rechts zum *Mühlenplatz* ab, fahren an der *Stadtmühle* geradeaus, schwenken vor dem *Mühlbach* nach links und lassen den Bach immer rechter

Hand. An der Abzweigung (**1,5 km**) fahren wir geradeaus, biegen an der T-Kreuzung (**2,0 km**) links in die Straße *Pinnautal* ein und schwenken nach 60 m an der Bauminsel nach rechts. Wir folgen der Rechtskurve (**2,8 km**), passieren eine Brücke, biegen gleich danach links ab und radeln weiter durch den Wald am Ufer des *Schmalsees* und des *Lüttauer Sees* entlang. Auf diesem Abschnitt finden wir kaum Radwegweiser, dafür jedoch das ✖ Andreaskreuz des europäischen Fernwanderweges. Am pilzförmigen Unterstand (**3,9 km**) biegen wir links ab, an der nächsten Weggabelung, die wir nach einem kurzen, aber steilen Anstieg (**4,0 km**) erreichen, halten wir uns wieder links und radeln ein Stück oberhalb des Seeufers durch den Wald.

Bei **km 4,5** kommen wir an der *Badestelle Rolandseck* vorüber, halten uns an der folgenden Weggabelung (**5,0 km**) nochmal links, überqueren **A** eine schmale Brücke und schwenken gleich darauf wieder nach

63

links. Nachdem wir einen reetgedeckten Unterstand (**5,2 km**) passiert haben, halten wir uns links und fahren weiter am Seeufer entlang. Schließlich verlassen wir den Wald und schwenken links in den fahrbahnbegleitenden Radweg (**6,2 km**). Bei **km 6,8** fahren wir an einer Unterführung vorüber und passieren die Zufahrt zu einem Campingplatz (**6,9 km**). Wir folgen einem schnurgeraden Sandweg durch einen Gehölzstreifen und fahren an drei kreuzenden Wegen (**km 8,1, 8,5** und **8,9**) geradeaus.

Vor dem ersten Haus in **Lemrade** (**9,4 km**) folgen wir der Rechtskurve des Weges, schwenken nach 100 m links in den fahrbahnbegleitenden Radweg der *Oldenburger Straße* und biegen an der Abzweigung nach Kehrsen (**9,6 km**) rechts ab. Zur Linken ist der Hügel mit dem *slawischen Ringwall* zu sehen. Von dort lassen sich im Herbst durchziehende Kraniche beobachten. Wir radeln durch einen Birkenwald folgen der Haupt-straße bis **Kehrsen** und kommen am *Burgwall*, einer Turmhügelburg aus dem 13./14. Jahrhundert, vorüber (**12,5 km**). Wir bleiben auf der Straße *Am Burgwall*, folgen der Linkskurve und biegen an der Kreuzung (**13,0 km**) rechts in die *Kastanienallee* ein.

Auf der Straße *Im Südweiler* fahren wir an der Abzweigung *Im Schlingen* (**13,9 km**) geradeaus und schwenken bei **km 15,0** nach rechts. In **Gudow** fahren wir an der Abzweigung nach Zarrentin (**16,0 km**) geradeaus weiter Richtung Mölln und biegen nach 350 m von der Hauptstraße links in die *Parkstraße* nach Segrahn ein. An der Weggabelung (**17,1 km**) am Ortsende von **Gudow** halten wir uns rechts, passieren einen Wald und schwenken an den beiden Kreuzungen bei **km 18,2** und **km 19,5** jeweils nach rechts. Nach einer Links- und Rechtskurve des Asphaltweges erreichen wir bei **km 20,1** eine Vorfahrtstraße und biegen **A** scharf links ab. Auf der *Büchener Landstraße* radeln wir an der kleinen Ansiedlung **Samekow** (**20,7 km**) vorüber, fahren an der Kreuzung nach Besental (**21,3 km**) geradeaus und passieren die Autobahnunterführung (**22,0 km**). Bei **km 22,5** biegen wir rechts ab in Richtung Güstin und folgen in **Göttin** der Rechtskurve der Hauptstraße (**24,0 km**). Auf einer Lindenallee radeln wir am *Naturschutzgebiet žTalhänge bei Göttin"* vorüber, folgen der Hauptstraße nach links (**km 25,0**) und erreichen vor **Güster** die Brücke über den *Elbe-Lübeck-Kanal* (**25,8 km**). Diese passieren wir und biegen gleich hinter der Brücke rechts in den Weg am Kanalufer ein.

Wir radeln nun auf dem alten Treidelpfad am Kanal entlang, fahren bei **km 27,9** unter der Autobahnbrücke, bei **km 30,5** unter einer Eisenbahnbrücke hindurch und radeln an der Abzweigung nach Breitenfelde geradeaus. Vor einer Infotafel (**34,3 km**) verlassen wir das Kanalufer, schwenken nach links (Radwegweiser nach Mölln) und nach wenigen

Metern rechts in den parallel zum Kanal verlaufenden Weg. Bei **km 35,2** biegen wir in **Mölln** rechts in die *Bundesstraße* ein, überqueren die Kanalbrücke und biegen **(35,4 km)** links  **A** in die *Altmöllner Straße* ein. Nachdem wir die Bahngleise **(36,1 km)** überquert haben, biegen wir rechts ab und erreichen nach 50 m wieder unseren Ausgangspunkt am Bahnhof in **Mölln**.

Ausgangspunkt ist der Marktplatz mit dem Roland in **Wedel**

Tourverlauf:
Von Wedel über den Elbe-Radweg bis Haseldorf und weiter über Holm zurück nach Wedel.

Auskunft:
Wedel Marketing e.V., 22880 Wedel
Rathausplatz 3–5 – Tel: 0 41 03-70 77 07

Gesamtstrecke: 31,7 km

Neumünster
Brunsbüttel
Glückstadt
Wedel
Hamburg

Zwischen Elbe und Haseldorfer Marsch

Die Tour führt uns vom Marktplatz in Wedel zur Elbe. Hier lohnt sich ein Abstecher zur Schiffsbegrüßungsanlage Willkommhöft am Schulauer Fährhaus. Auf dem Elbe-Radweg radeln wir weiter am Deich entlang bis Haseldorf. Die Carl-Zeiss-Vogelstation, an der die Tour vorbeiführt, bietet hervorragende Beobachtungsmöglichkeiten der Vogelschwärme. Besonders lohnenswert ist die Zeit des Vogelzugs im Frühjahr und Herbst.

In Haseldorf sollte man die Zeit für einen Besuch im Elbmarschenhaus und einen Rundgang durch den Schlossgarten mit einplanen. Anschließend führt die Tour meist auf befestigten Wirtschaftswegen (Spurplattenwege) durch Felder und Baumschulpflanzungen über Holm zurück nach Wedel.

Wedel

Bereits um 1450 verband eine Fährverbindung den Ort mit dem gegenüberliegenden Elbufer. Im 17. Jh. erlangte Wedel durch die Blütezeit des Ochsentriebs an Bedeutung. Seit dem 14. Jh. und bis ins 19. Jh. trieb man Ochsen vom dänischen Vieborg auf dem Ochsenweg nach Wedel. Dort wurden die Tiere mit der Fähre übergesetzt und teilweise bis ins Rheinland und in die Niederlande getrieben. Heute ist Wedel durch die Schiffsbegrüßungsanlage am Schulauer Fährhaus weit über seine Grenzen hinaus bekannt. Alle vorbeifahrenden Schiffe werden mit ihrer jeweiligen Nationalhymne und durch Dippen der Flagge begrüßt.

Den Roland auf dem Marktplatz ließen die Schauenburger Grafen als Zeichen der Marktgerechtigkeit errichten. Die Sandsteinstatue stellt Kaiser Karl den Großen dar.

Zwischen Elbe und Haseldorfer Marsch

Ausgangspunkt dieser Tour ist der *Roland* auf dem Marktplatz von Wedel (**0,0 km**). Wir überqueren die *Rolandstraße* an der Ampel, gelangen in die Straße *Am Marktplatz*, die nach 50 m in die *Austraße* übergeht. Dieser folgen wir, radeln am *Theaterschiff* vorüber und biegen nach 600 m rechts in die Straße *Am Freibad* ein. Am Ende der Straße radeln wir weiter auf dem breiten Sandweg zwischen Wiesen hindurch, fahren an der Wegkreuzung (**1,3 km**) geradeaus und erreichen nach weiteren 200 m vor dem Deich den *Elberadweg*. Hier schwenken wir nach rechts und passieren ein Gatter.

Abstecher: Zur Schiffsbegrüßungsanlage *Willkommhöft* (0,9 km) biegen wir vor dem Deich links ab, schwenken am Deichtor nach rechts und folgen der Straße bis zum Schulauer Fährhaus. Bei **km 2,6** fahren wir zur Deichkrone hinauf, passieren die Schleuse und radeln weiter am binnenseitigen Deichfuß entlang. Rechter Hand erstreckt sich das Naturschutzgebiet Haseldorfer Binnenelbe mit dem Elbvorland. An einem weiteren Gatter (**3,6 km**) passieren wir einen Parkplatz mit Infotafeln zum Planetenweg und der Haseldorfer Binnenelbe mit Elbvorland. Wir folgen weiter dem Weg am Deichfuß, auch an der Weggabelung Wedeler Marsch (4,1 km) radeln wir weiter am Deichfuß entlang. Bei km 5,0 lohnt sich ein Abstecher zur *Carl-Zeiss-Vogelstation*. Am Parkplatz Hedlingen (6,9 km) fahren wir weiter geradeaus, kommen bei km 13,1 an einem Reetdachhaus vorüber. 100 m weiter erreichen wir eine Wegkreuzung (links geht es über den Deich zum Hafen), hier biegen wir rechts ab zum Elbmarschenhaus. Wer hier weiter am Deich radeln möchte, beachte bitte die Öffnungszeiten der Sperrwerke auf der Infotafel.

Am Deichtor (13,4 km) schwenken wir nach rechts, erreichen **Haseldorf** und biegen nach 200 m rechts in die Straße *Scholensleth* ein. Bei km 15,3 folgen wir der Linkskurve, fahren am *Elbmarschenhaus* und *Schlosspark* vorüber, radeln an der Abzweigung nach Uetersen (16,1 km) auf der Hauptstraße wei-

ter geradeaus und schwenken am Ortsende von **Haseldorf** (16,5 km) links in den *Altenfeldsdeich*.

100 m vor dem Ortsschild von **Heist** (19,9 km) biegen wir rechts in den *Wischweg* ein, folgen nach 300 m dem Radwegweiser nach links, fahren nach weiteren 300 m an der Kreuzung geradeaus und radeln zwischen Wiesen und Baumschulpflanzungen hindurch. Schließlich biegen wir rechts in den fahrbahnbegleitenden Radweg der B 431 (21,7 km) ein und erreichen **Holm** (22,1 km). Im Kreisverkehr nehmen wir die zweite Ausfahrt (B 431) und biegen nach 300 m links in die Straße *Im Sande* ein (Richtung Dörpshus). Bei km 24,5 folgen wir dem Wegweiser Ochsenweg rechts in die Straße *Am Meierhof* und halten uns vor einem Plattenweg links (Am Sportzentrum).

Wir erreichen ein Waldgebiet (25,4 km), biegen am Parkplatz rechts in den *Katastrophenweg* ein und radeln auf einem Forstweg

an *Badesee* und *Binnendüne* vorüber. Am Waldrand halten wir uns an der Weggabelung (26,9 km) rechts, überqueren den *Holmer Grenzweg* (27,2 km) und fahren mit einem Rechts-links-Schwenk in die *Ehnboomtwiete*. Bei km 28,0 biegen wir rechts in die Straße *Am Bullensee* ein (Richtung Wedel), erreichen wieder einen Asphaltweg und radeln weiter auf dem *Ihlseebargweg*.

An der Weggabelung (29,6 km) halten wir uns links, folgen den Radwegweisern durch ein Baumschulgebiet, schwenken bei km 30,0 nach rechts und fahren nach 50 m an der Kreuzung geradeaus in die Straße *Bündtwiete*. Schließlich erreichen wir die ersten Häuser von **Wedel**, schwenken rechts in den fahrbahnbegleitenden Radweg der Vorfahrtstraße (30,8 km) und folgen bei km 31,4 dem Radwegweiser nach links in die Straße *An der Kirche*. Nach 30 m schwenken wir rechts in die *Küsterstraße* und erreichen wieder unseren Ausgangspunkt am *Roland*.

Tour 11

Ausgangspunkt:
Tourist-Info am
ZOB in **Marne**

Tourverlauf:
Marne–
Brunsbüttel–
Marne.

Auskunft:
Tourist-Info Marne
Tel. 0 48 51 - 95 76 86

Tourist Info Brunsbüttel
Tel. 0 48 52 - 83 66 24

Gesamtlänge der Tour: 31,3 km

Schleusenstadt am Kanal

Marne–Brunsbüttel–Marne

Von Marne, dem Zentrum der Südermarsch, radeln wir überwiegend auf schmalen Nebenstraßen nach Brunsbüttel. Die Tour führt am Eingang der Kanalschleusen vorüber. Außer einem Rundgang durch den alten Ortskern von Brunsbüttel mit der Jacobuskirche und dem Heimatmuseum ist ein Besuch der Kanalschleuse ein beeindruckendes Erlebnis. Von der Besucherbrücke kann man beobachten, wie die „dicken Pötte" geschleust werden.

Anschließend führt die Tour um den Alten Hafen von Brunsbüttel, ein Stück am Elbufer entlang und über Neufeld zurück nach Marne.

Unterwegs entdecken

Brunsbüttel

Als die Elbe infolge von Sturmfluten ihren Lauf änderte, musste Alt Brunsbüttel um 1675 aufgegeben werden und versank in der Elbe. Die Umsiedlung in das neue Kirchdorf Brunsbüttel-Ort, wie der Ortsteil heute heißt, war 1680 abgeschlossen. Die Jacobuskirche von 1679 wurde nach einem Brand 1724 wieder aufgebaut. Der Altar stammt aus der Glückstädter Schlosskirche. Mehrere sehenswerte Gebäude und das Heimatmuseum stehen in unmittelbarer Nähe der Kirche. Neben dem alten Ortskern ist der Alte Hafen sehenswert.

Die Kanalschleusen

Mit knapp 100 km Länge verbindet der Nord-Ostsee-Kanal die Elbe bei Brunsbüttel mit der Kieler Förde bei Kiel-Holtenau. Wegen der unterschiedlichen Wasserstände in der Elbe (der Tiedenhub beträgt bei Brunsbüttel im Durchschnitt 2,80 m) wird der Kanal durch je vier Schleusenkammern in Brunsbüttel und Kiel abgeschlossen. Am Nordeingang zu den Schleusen befinden sich ein Informationspavillon und eine Besucherbrücke, von der man den Schleusenbetrieb beobachten kann.

Marne–Brunsbüttel–Marne

Der Ortsplan von Brunsbüttel befindet sich auf Seite 75.

Ausgangspunkt ist die *Touristinformation* am ZOB (*Königstraße*) in **Marne**. Von hier folgen wir dem Radwegweiser in Richtung St. Michaelisdonn (**0,0 km**), fahren wenige Meter auf der *Königstraße* und biegen gegenüber der Sparkasse rechts in die *Norderstraße* ein (Ausschilderung zum Museum).

Abstecher: Zum Museum biegen wir nach 200 m links in die *Museumstraße* ein und erreichen nach weiteren 150 m das Museum.

Bei **km 0,2** biegen wir gegenüber der *Museumstraße* rechts in die *Mittelstraße* ein, schwenken gleich darauf rechts durch den

Torbogen **A** (absteigen) des *Rathauses,* erreichen den *Markt,* kommen an der *Kirche* vorüber und schieben das Rad (Einbahnstraße in entgegengesetzter Richtung) anschließend geradeaus auf der *Bahnhofstraße* (**0,3 km**) in Richtung St. Michaelisdonn/ Brunsbüttel.

Abstecher: Zum **Zentrum** halten wir uns am *Markt* rechts. Nach 100 m beginnt links die *Fußgängerstraße.*

Wir queren die *Neue Beckerstraße* (**0,4 km**), kommen am **Müllenhoff-Brunnen** vorüber, fahren geradeaus in die *Süderstraße* und schwenken anschließend links in den fahrbahnbegleitenden Fuß-/Radweg der *Claus-Harms-Straße* (**0,6 km**). Bei **km 1,0** biegen wir rechts in die *Friedrich-Hebbel-Straße* ein, an der nächsten Abzweigung links in die *Klaus-Groth-Straße,* verlassen **Marne** (**1,3 km**) und biegen am Ende der *Klaus-Groth-Straße*

rechts in die *Norderstraße* ein. In der Rechtskurve vor dem Ortsschild **Diekhusen-Fahrstedt** schwenken wir nach links (**1,9 km**), folgen an der Wegkreuzung bei **km 2,6** dem Radwegweiser nach rechts und fahren an der Kreuzung Marne/Süderwisch geradeaus (**A** Wegweiser geradeaus nach Brunsbüttel fehlt). An der nächsten T-Kreuzung (**3,8 km**) biegen wir links ab, fahren an einer Abzweigung geradeaus, folgen der Rechtskurve des Hauptweges und radeln in **Ostermenghusen** geradeaus in die Vorfahrtstraße. Wir queren in **Auenbüttel** die Kreisstraße (**5,3 km**) und radeln immer geradeaus auf die B 5 zu. 50 m bevor der Radwegweiser nach rechts zeigt, biegen wir links in den Spurplattenweg (**7,7 km**) ein (**A** hier ist kein Wegweiser), umfahren mit einem Rechts-links-Schwenk eine Windkraftanlage und biegen anschließend vom *Moordeichsweg* rechts in die *Landstraße* (**9,4 km**) nach Brunsbüttel ein. In der Rechtskurve der *Landstraße* (**10,5 km**) schwenken wir links in

den *Bredenweg,* queren **A** vorsichtig die Bundesstraße (**10,8 km**) und fahren geradeaus weiter bis **Brunsbüttel** (**11,9 km**). Dort radeln wir an der ersten Kreuzung geradeaus Richtung Zentrum in die Straße *Am Sportplatz.*

Abstecher: Zum **Heimatmuseum** und zum alten Ortskern mit der **Jacobuskirche** biegen wir rechts ab (**0,7 km**).

Vor der Rechtsbiegung der Straße schwenken wir links in den Fuß-/Radweg (*Kneippweg*), folgen der Rechtsbiegung, queren wenig später die Straße *Am Fleth,* fahren weiter geradeaus, queren an der nächsten Ampel die *Olof-Palme-Allee* und anschließend die *Albert-Schweizer-Straße* (**12,6 km**). Am **Elbe-Forum A** schieben wir das Rad durch den Fußgängerbereich und fahren anschließend geradeaus weiter auf der *Von-Humboldt-Straße,* queren den *Gutenbergring* und fahren geradeaus in die *Röntgenstraße.*

An der Kreuzung *Brunsbüttler Straße/Eddelaker Straße* (**13,1 km**) biegen wir links nach St. Michaelisdonn ab, schwenken nach 400 m von der *Eddelaker Straße* rechts in die Straße *Am Freizeitbad*, fahren auf der linken Fahrbahnseite auf dem Fuß-/Radweg geradeaus (nicht der Rechtsbiegung der Straße folgen) und queren auf einer kleinen Brücke die Braake. An der *Bojestraße* halten wir uns links, biegen gegenüber der *Osmarkstraße* rechts in den Fuß-/Radweg ein, queren die *Wurtleutetweute*, fahren geradeaus in die *Loewestraße*, queren die *Posadowskystraße* und fahren an der **Pauluskirche** vorbei. Gleich darauf biegen wir an der Kreuzung halb links in die *Kautzstraße* ein (**A** Rad-/Fußweg auf der linken Fahrbahnseite), queren die *Ostermoorer Straße*, erreichen den **Nord-Ostsee-Kanal** an der **Kanalfähre** und biegen rechts ab Richtung Neufeld. **A** Eine kurze Strecke müssen wir das Rad schieben (Einbahnstraße in entgegengesetzter Rich-

tung) und erreichen den Besuchereingang der **Kanalschleuse** (**14,9 km**) (Infozentrum und Besichtigung der Schleuse). Anschließend folgen wir dem Nordseeradweg, biegen an der nächsten Kreuzung links in die *Schillerstraße* ein, fahren am *Trischenweg* geradeaus, halten uns gleich darauf links, gehen durch ein Gatter (**15,4 km**) und fahren am Vorhafen entlang. Vor dem **Leuchtturm** (**16,6 km**) schwenken wir nach rechts, radeln den Deich hinauf, queren ein weiteres Gatter und fahren geradeaus auf der Straße *Ulitzhörn* am Elbcafé vorüber. Wir queren ein weiteres Gatter, schwenken am **Siel** (**17,4 km**) nach links, queren eine Wegkreuzung und fahren auf dem Deich um den **Alten Hafen** herum. Nach einer Rechtsbiegung quert ein Weg den Deich (**18,5 km**). Hier halten wir uns links, fahren zum **Elbufer** hinunter und halten uns dort rechts. Vor dem Fähranleger verlassen wir das Elbufer (**19,7 km**), folgen dem Radwegweiser nach rechts, halten uns an der

Strandhalle halb links, fahren am Deich weiter in Richtung Neufeld/Mühlenstraßen und verlassen **Brunsbüttel** (Ortsschild). Wir queren die Zufahrtsstraße zum Fähranleger (**20,3 km**) und fahren in der Siedlung **Groden** an zwei Abzweigungen geradeaus. An der Abzweigung Brunsbüttel/Neufeld (**24,0 km**) fahren wir ebenfalls geradeaus, folgen bei einem Reetdachhaus der Rechtsbiegung der Straße *Glück im Winkel* und biegen anschließend an einer Verkehrsinsel (**25,2 km**) links in die *Nordhusener Straße* ein. In **Neufeld** schwenken wir links in die *Niefelder Strot* (**26,0 km**), gleich darauf rechts in den fahrbahnbegleitenden Fuß-/Radweg der *Westerdieker Strot*, verlassen **Neufeld** und radeln durch **Diekhusenerwesterdeich**. An der Abzweigung der *Schulstraße* erreichen wir **Fahrstedterwesterdeich**, fahren an der Kreuzung Kaiser-Wilhelm-Koog/Vollmershusen (**29,7 km**) geradeaus Richtung Marne, biegen in **Marne** an der B 5 (**30,1 km**) links

ab in Richtung Heide/Meldorf und folgen der Straße *Fahrstedter Westerdeich*, die in die *Hafenstraße* übergeht. An der Abzweigung *Wilhelmstraße* (nach St. Michaelisdonn) fahren wir geradeaus, queren an der Ampel beim ZOB die *Königstraße* und erreichen wieder unseren Ausgangspunkt an der *Touristinformation*.

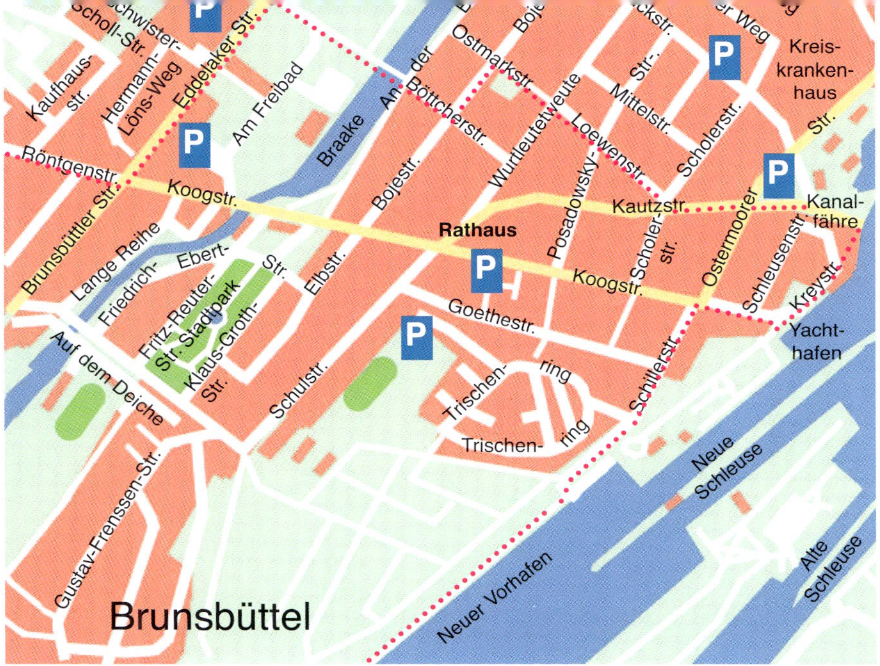

Brunsbüttel

Kreiskrankenhaus

Kanalfähre

Yachthafen

Neue Schleuse

Alte Schleuse

Schleusenstr.

Ostermoorstr.

Schnoierstr.

Kautzstr.

Scholer str.

Koogstr.

Schwiestr.

Mittelstr.

Loewenstr.

Posadowsky str.

Wurilleutheweie

Ostmarkstr.

An der Böttcherstr.

Bolestr.

Braake

Am Freibad

Koogstr.

Rathaus

Goethestr.

ring

Trischen ring

Trischen

Schnuistr.

Neuer Vorhafen

Eddelaker Str.

Hermann Löns-Weg

Röntgenstr.

Brunsbütteler Str.

Lange Reihe

Friedrich Ebert Str.

Fritz Reuter Str.

Klaus-Groth-Str.

Auf dem Deiche

Gustav-Frenssen-Str.

Kaufhaus str.

Scholl-Str.

75

Tour 12

Ausgangspunkt:
Bahnhof in **Albersdorf**

Tourverlauf:
Von Albersdorf über Schafstedt, Nord-Ostsee-Kanal und Bunsoh zurück nach Albersdorf.

Auskunft:
Dithmarschen Tourismus e.V.
Tel. 04 81 - 21 22 555

Gesamtlänge der Tour: 34,0 km

Auf dem Weg in die Steinzeit

Albersdorf–Schafstedt–Nord-Ostsee-Kanal–Bunsoh–Albersdorf

Von Albersdorf radeln wir durch die Feldmark nach Schafstedt, schwenken vor der Hochbrücke in den Uferweg des Nord-Ostsee-Kanals und fahren bis zur Fähre Fischerhütte am Kanal entlang.

Weiter führt die Tour zum Schalenstein von Bunsoh, der als einer der interessantesten Europas gilt. Zum Abschluss radeln wir durch den Steinzeitpark AÖZA mit seinen Steinkammern und dem Steinzeitdorf und kommen anschließend am Großsteingrab Brutkamp vorüber. Der Überlieferung nach soll hier bis zur Einführung des Christentums die Göttin Freya verehrt worden sein.

Unterwegs entdecken

Steinzeitpark AÖZA

Die geheimnisvollen und monumentalen Großsteingräber aus der Zeit um 2500 v. Chr. scheinen für die Ewigkeit gebaut zu sein. Sie dienten den Menschen der „Trichterbecherkultur" als Grabstätten und als Orte der Ahnenverehrung. Nur an wenigen Plätzen sind diese steinzeitlichen Zeugnisse in so konzentrierter Form erhalten geblieben wie in der Gegend um Albersdorf. Wegen ihrer großen Zahl an vorgeschichtlichen Denkmälern wird diese Gegend auch als „klassische Quadratmeile der Archäologie" bezeichnet. Neben den Steinkammern ist im AÖZA (Archäologisch-Ökologisches Zentrum Albersdorf) ein Steinzeitdorf zu besichtigen.

Großsteingrab Brutkamp

Die Kammer des Großsteingrabes „Brutkamp" wird aus fünf Wandsteinen und einem übergroßen Deckstein gebildet und hat einen Zugang im Südosten. Der Deckstein ist der größte im Lande und soll fast 25 Tonnen wiegen. Der Überlieferung nach sollen neu vermählte Paare der Göttin Freya am Brutkamp Opfergaben gebracht haben.

Der Schalenstein von Bunsoh

Der vorgeschichtliche Grabhügel war 1908 untersucht worden. Dabei fanden die Archäologen ein vollständig erhaltenes Großsteingrab aus der Jungsteinzeit. Auf acht Trägersteinen liegen drei Decksteine. In den westlichen Deckstein sind zahlreiche Schälchen eingearbeitet. Er gilt als einer der interessantesten Schalensteine Europas. Um ein Schälchen liegt ein flach eingeriefter Kreis, außerdem sind ein vierspeichiges Rad, flache Rillen, paarweise angebrachte Handbilder und die Darstellung eines Fußes zu erkennen.

Albersdorf–Schafstedt–Nord-Ostsee-Kanal–Bunsoh–Albersdorf

Der Ortsplan von Albersdorf befindet sich auf Seite 81.

Ausgangspunkt ist der Bahnhof in **Albersdorf** (**0,0 km**). Vom Bahnhof fahren wir rechts zur Straße *Am Kurpark*, biegen dort links ein, schwenken gleich darauf rechts in die *Bahnhofstraße* und fahren an der Abzweigung zu den Hügelgräbern und zum AÖZA geradeaus (**0,1 km**). Nach 300 m biegen wir links in den *Brutkampsweg* und nach weiteren 100 m rechts in die *Eichstraße* ein. Wir queren die *Süderstraße*, fahren zwischen Grünanlage und ZOB geradeaus in die *Mühlenstraße* (**0,5 km**) (Radwegweiser nach Schafstedt). Am Buswartehäuschen (**1,4 km**) verlassen wir die Kreisstraße und biegen links in den

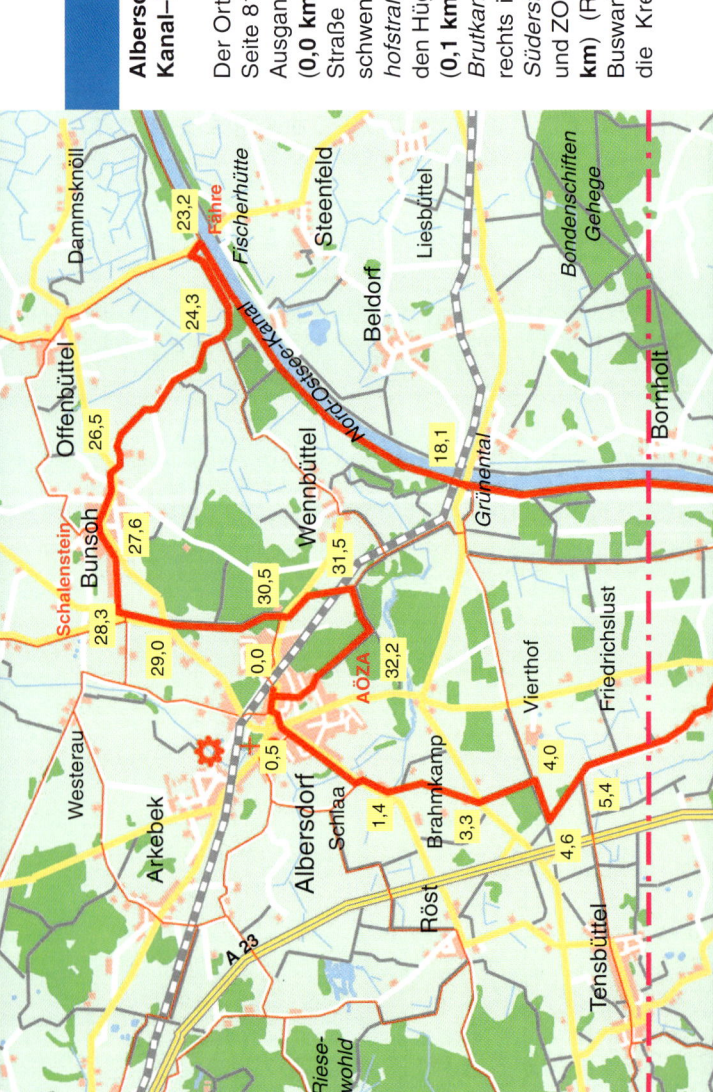

Richtung Hochdonn/Eggstedt. Gegenüber der Kirche (**9,7 km**) biegen wir links in Richtung Fähre Hohenhörn ab und fahren auf dem Fuß-/Radweg neben der Landesstraße. Wenige Meter vor der *Hochbrücke* (**10,9 km**) biegen wir links ab, schwenken bei **km 11,3** nach rechts und fahren direkt auf den Kanal zu. Der Weg endet in einem Wendekreis. Der Zugang zum Spurplattenweg am *Nord-Ost-see-Kanal* ist durch eine Leitplanke versperrt, so dass wir das Rad einige Meter über eine Grasfläche schieben müssen (**11,7 km**). Am Kanal schwenken wir links in den Spurplattenweg (Richtung Fähre Fischerhütte), fahren nun immer am Kanal entlang, kommen unter der *Hochbrücke Grünental* (**18,1 km**) hindurch und fahren an den beiden Abzweigungen nach Albersdorf geradeaus.

Abkürzung: An der ersten Abzweigung nach Albersdorf links abbiegen und über Wennbüttel nach Albersdorf fahren (5,1 km).

79

Brahmkampsweg ein, queren die Landstraße nach Meldorf (**3,3 km**) und fahren geradeaus weiter auf einem Spurplattenweg. Bei **km 3,8** biegen wir rechts ab Richtung Schafstedt, folgen an der Wegkreuzung (**4,6 km**) dem Radwegweiser nach links und radeln an der Abzweigung nach Tensbüttel geradeaus in Richtung Schafstedt (**5,4 km**). Wir überque-

ren den Mühlenbach, fahren an zwei Abzweigungen geradeaus und schwenken anschließend rechts in die Landstraße nach Schafstedt (**8,0 km**). A Radweg verläuft auf der linken Fahrbahnseite. Auf der Straße *Mühlenbarg* erreichen wir **Schafstedt**, radeln an der Abzweigung zur Hochbrücke Grünental (**9,2 km**) vorüber und folgen der Hauptstraße

Bis zur *Fähre Fischerhütte* fahren wir nun am *Nord-Ostsee-Kanal* entlang. An der Fähre (**23,2 km**) biegen links ab nach Albersdorf und nach 100 Metern noch mal links Richtung Albersdorf/Bunsoh. Der Weg geht nach wenigen Metern in einen Spurplattenweg über und gleich darauf in einen Kiesweg. An der Abzweigung nach Wennbüttel (**24,3 km**) fahren wir geradeaus weiter nach Bunsoh, passieren ein kleines Gehölz und fahren an den Abzweigungen bei **km 25,1** und **km 25,5** auf dem *Drellweg* geradeaus. Wo dieser in die Kreisstraße nach Bunsoh mündet (**26,5 km**), biegen wir links ab und erreichen gleich darauf **Bunsoh**. An der Abzweigung nach Offenbüttel fahren wir geradeaus, bleiben auf der *Dorfstraße*, bis wir wenige Meter vor dem Ortsende rechts in den *Ziegeleiweg* zum Schalenstein einbiegen (**27,6 km**).

Vom Parkplatz am Schalenstein (**28,3 km**) sind es 300 m bis zum gut erhaltenen *Steinzeitgrab* mit dem beeindruckenden *Schalen-*

stein. Anschließend biegen wir vor der Querstraße links in den Radweg ein. Um den Steinzeitpark und das Großsteingrab Brutkamp besuchen zu können, folgen wir nicht dem Radwegweiser nach Albersdorf, sondern biegen bei **km 28,5** links nach Wennbüttel ab.

Abkürzung: Wer auf kürzerem Weg zurück nach Albersdorf fahren möchte, fährt hier geradeaus, folgt den Radwegweisern und erreicht nach 2,5 km Albersdorf.

An der Abzweigung nach Bunsoh (**29,0 km**) fahren wir einen Links-rechts-Schwenk und folgen dem ausgeschilderten Radweg, der hier als Kiesweg auf der alten Trasse des *Ochsenweges* verläuft. An der Weggabelung (**29,2 km**) halten wir uns links, radeln bei **km 29,6** geradeaus, ebenso an der Wegkreuzung im Wald. Schließlich erreichen wir kurz vor **Wennbüttel** die Kreisstraße (**30,5 km**) und biegen links ab in Richtung Wennbüttel.

Abstecher: Zu den *Hügelgräbern Dreebargen* rechts abbiegen in Richtung Albersdorf und nach 300 m, am Wegweiser Dreebargen, nochmal rechts.

Wir verlassen die Kreisstraße bereits wieder nach 200 m, biegen rechts in den *Ochsenweg* ein (als Radweg ausgeschilderter Kiesweg), passieren bei **km 31,3** die Bahngleise (anschließend beginnt ein Spurplattenweg), biegen bei **km 31,5** rechts ab, dem Radwegweiser AÖZA folgend, und fahren durch den Wald. Vor der Gieselauniederung schwenken wir nach rechts (**31,8 km**), folgen vor zwei Teichen der Radwegausschilderung nach links und am Ende der Teiche nochmals links (**32,1 km**). Nach weiteren 100 m biegen wir rechts in den *Bredenhoopweg* ein.

Abstecher: Zu den steinzeitlichen *Langbetten* und einer *Steinkammer* schwenken wir gleich wieder links in den *Horstenmoorweg*.

Auf dem *Bredenhoopweg* fahren wir am Rand des *Steinzeitparks AÖZA* entlang, kommen am Eingang des *Steinzeitdorfes* vorüber, erreichen bald darauf die ersten Häuser von **Albersdorf** und folgen bei **km 33,2** der Linkskurve der Straße, die ab hier *Am Brutkamp* heißt. Nach 300 m führt ein Weg (**34,7 km**) durch einen Park zum **Großsteingrab Brutkamp**. Wir fahren weiter geradeaus, biegen rechts in die *Bahnhofstraße* ein und fahren die letzten 100 m auf der gleichen Strecke wie auf der Hinfahrt zum Bahnhof zurück.

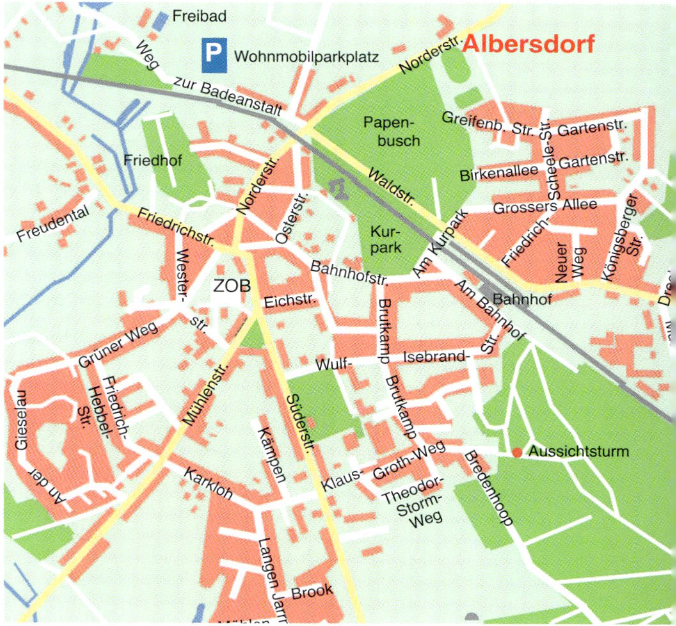

Tour 13

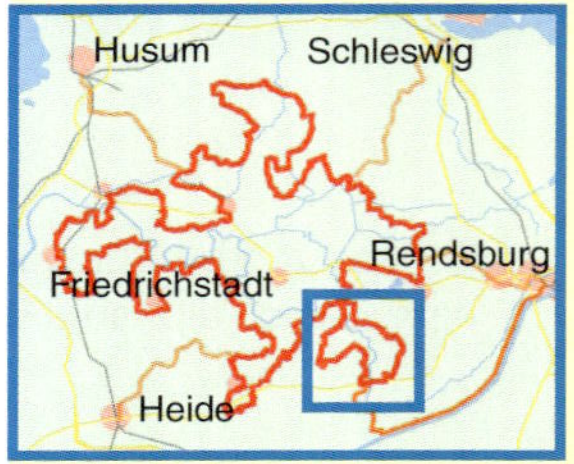

Ausgangspunkt: Hohner Fähre, Ostufer

Tourverlauf:
Von der Hohner Fähre über Lexfähre und Dellstedt zurück zur Hohner Fähre.

Fährzeiten siehe nächste Seite!

Auskunft:
Gebietsgemeinschaft Grünes Binnenland
24963 Tarp, Dorfstraße 8
Tel. 0 46 38 - 89 84 04

Hohner Fähre, Tel. 01 73-9 88 30 99
www.hohnerfaehre.de

Gesamtlänge der Tour: 34,2 km

(map labels: Schleswig, Husum, Rendsburg, Friedrichstadt, Heide)

Auf dem Eider-Treene-Sorge-Weg

Die Tour ist nur während der Fährzeiten von Mai bis September möglich.

Diese Radtour führt uns über den südwestlichen Streckenabschnitt des 240 km langen Eider-Treene-Sorge-Weges. Von der Hohner Fähre radeln wir durch das Naturschutzgebiet Hartshoper Moor und weiter durch die von unzähligen Wassergräben durchzogene Eiderniederung nach Lexfähre. Hier überqueren wir die Eider, und am Ufer lädt das „Alte Fährhaus" zur Rast, bevor wir über Dellstedt und durch das Naturschutzgebiet Dellstedter Birkwildmoor wieder die Hohner Fähre erreichen.

Zu unserem Ausgangspunkt auf dem gegenüberliegenden Ufer lassen wir uns mit der Fähre übersetzen.

Hohner Fähre

Eine Fährverbindung über die Eider dicht südlich der Einmündung der Sorge ist seit 1634 nachgewiesen. Bis zum Bau des Erfder Dammes im 18. Jh. war sie die einzige Verbindung von Rendsburg nach Dithmarschen. Als die Eiderbrücke bei Pahlen eingeweiht wurde, stellte man den Fährbetrieb ein. Seit 1999 besteht an den Wochenenden und Feiertagen für Fußgänger und Radfahrer wieder eine Fährverbindung an der traditionellen Stelle über die Eider.

Fährzeiten: 1. Mai bis 30. September
Sa. + Feiertage 11.00–17.00 Uhr,
So. 10.00–17.00 Uhr

Gruppen nach Absprache unter
Telefon 01 73-9 88 30 99

Lexfähre

Neben der Schleuse und Eiderbrücke befand sich bis 1939 neben Altenfähre eine weitere Fährstelle über die Eider. Heute gibt es hier ein Gasthaus, einen Campingplatz und einen Sportboothafen.

Lexfähre wird bei den Eiderfahrten von den Ausflugsschiffen der Adler-Reederei angelaufen, und Fahrräder können mitgenommen werden. Das ermöglicht kombinierte Schiffs-/Radtouren ab Friedrichstadt, Schwabstedt und Lexfähre.

Moorgut Dellstedt

1843 kaufte der Besitzer der Rendsburger Carlshütte große Flächen des 500 Hektar großen Ostermoores, um Raseneisen und Torf zu gewinnen. Nach wenigen Jahren wurde die industrielle Nutzung des Moores jedoch wieder aufgegeben. Ab 1905 wurde das Gut als Torfstreufabrik genutzt. Das große, heute noch erhaltene Stallgebäude entstand ab 1926, nachdem die Provinzialregierung Schleswig-Holstein das Moorgut übernahm.

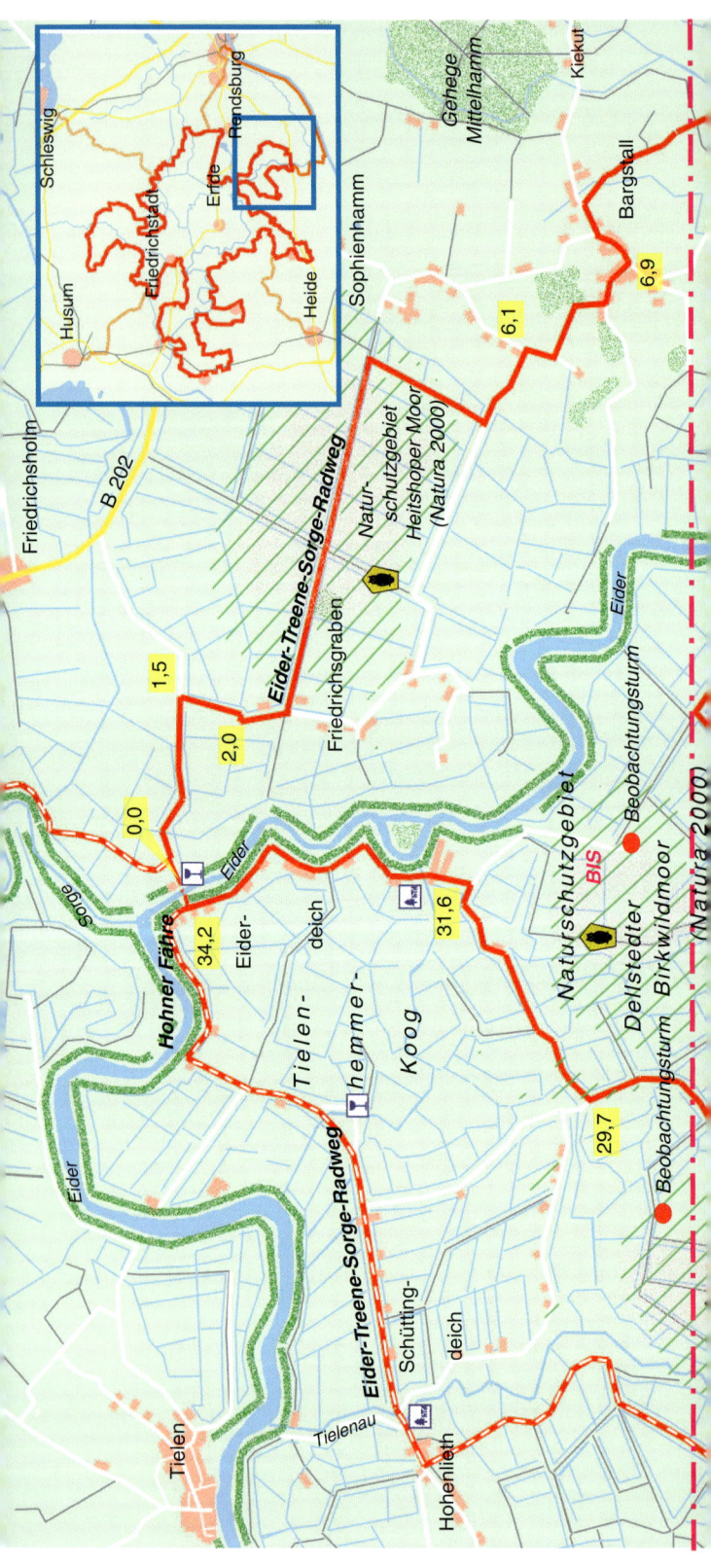

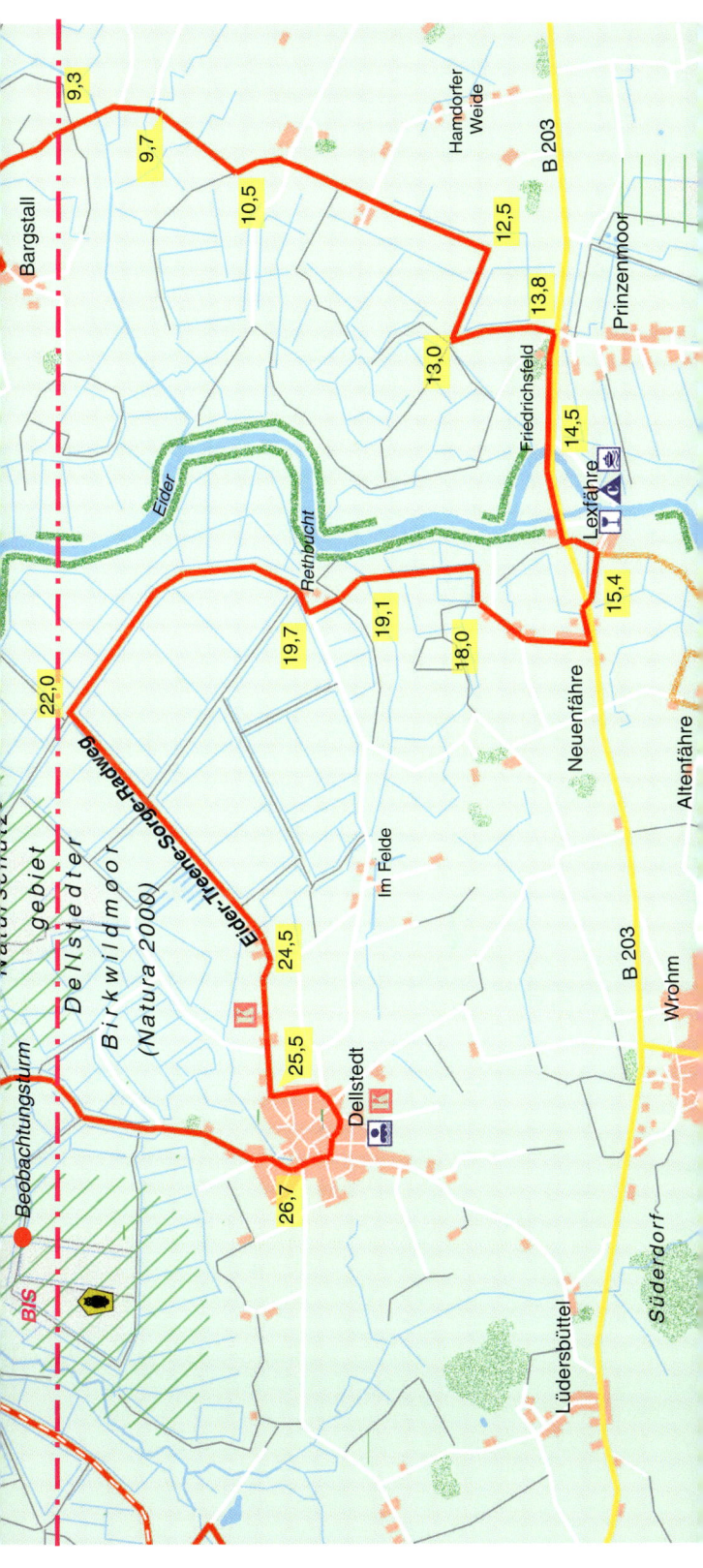

Auf dem Eider-Treene-Sorge-Weg

Ausgangspunkt ist die Hohner Fähre am Ostufer der Eider (**0,0 km**). Von der *Hohner Fähre* folgen wir dem *Eider-Treene-Sorge-Radweg*, fahren nach 100 m an der Abzweigung geradeaus, halten uns an der nächsten Abzweigung (**1,5 km**) rechts Richtung Friedrichsgraben und radeln nach einem Rechts-links-Schwenk (**2,0 km**) durch **Friedrichsgraben**.

Wenig später biegen wir an einer Wegkreuzung links ab und folgen dem Radwegweiser durchs Hartshoper Moor. Der Weg führt an Infotafeln vorbei, auf denen die Vernässungsmaßnahmen erläutert werden. Schließlich schwenken wir nach rechts, biegen am Ende des Weges links in die Asphaltstraße ein und schwenken neben dem grünen Ortsschild **Sophienhamm** (**6,1 km**) nach rechts.

Nach 300 m halten wir uns links, schwenken an der Verkehrsinsel in **Bargstall** (**6,9 km**) nochmal nach links in die *Dorfstraße*, folgen dieser durch den Ort und halten uns an der Bauminsel (mit Kriegerdenkmal) (**7,3 km**) wieder links.

Anschließend radeln wir an der Abzweigung nach Hohn geradeaus, biegen bei **km 7,9** rechts nach Prinzenmoor ab, fahren an der nächsten Kreuzung geradeaus und überqueren die *Mühlenau* (**9,3 km**).

An den Weggabelungen bei **km 9,4** und **9,7** halten wir uns rechts Richtung Prinzenmoor und biegen an der folgenden T-Kreuzung (**10,5 km**) links ab. Anschließend radeln wir über zwei Kreuzungen geradeaus, biegen an der T-Kreuzung (**12,5 km**) rechts in einen Asphaltweg ein, der bald in einen Sandweg übergeht, und halten uns an der Weggabe-

lung (**13,0 km**) links. Bei **km 13,8** überqueren wir vorsichtig **A** die B 203, schwenken in den fahrbahnbegleitenden Radweg nach rechts Richtung Heide, überqueren die *Eider* (**14,5 km**) und biegen nach weiteren 200 m links in einen Sandweg ein. An der Kreuzung zur Zufahrt nach *Lexfähre* (**15,4 km**) biegen wir rechts ab.

Ein Abstecher zum alten Fährhaus an der Eider ist empfehlenswert (150 m).

Bei **km 16,9** schwenken wir links in den Radweg der B 203, **A** überqueren gleich darauf noch einmal die Bundesstraße, folgen noch 200 m dem Radweg an der B 203 und biegen dann rechts in die Straße *Neuenfähre* ein.

An der Abzweigung nach Dellstedt (**17,6 km**) folgen wir dem **Eider-Treene-Sorge-Radweg** nach rechts, schwenken an der Weggabelung (**18,0 km**) rechts in einen Spurplattenweg

und biegen nach 300 m vor einem kleinen Gebäude links ab. Schließlich überqueren wir die **Herkmenau** (**19,1 km**), biegen an der T-Kreuzung (**19,7 km**) rechts ab, schwenken bei **km 22,0** links in die Asphaltstraße und kommen am auffälligen Stallgebäude des ***Moorgutes Dellstedt*** (**24,5 km**) vorüber. Am Ortsrand von **Dellstedt** (**25,5 km**) biegen wir von der *Eiderstraße* links in die *Waldstraße* ein, halten uns nach 400 m rechts und fahren an der Kreuzung *Schulstraße* (**26,5 km**) geradeaus Richtung Dörpling.

Wir kommen an der kleinen Bauernmühle vorbei und biegen am Dorfteich neben dem Freibad rechts in die *Deichstraße* ein, überqueren die nächste Kreuzung und schwenken rechts in die *Lange Reihe* (**26,7 km**).

Nach 200 m radeln wir geradeaus Richtung Hohner Fähre, fahren an der Abzweigung zum ***Dellstedter Birkwildmoor*** geradeaus und biegen am grünen Ortsschild **Tielenhemme** Ortsteil **Schüttlingsdeich** (**29,7 km**) rechts in die Straße *Eiderdeich* ein.

An der nächsten Weggabelung (**31,6 km**) halten wir uns links, radeln ab **Tielenhemme** am *Eiderdeich* entlang und erreichen wieder die *Hohner Fähre* (**34,2 km**). Zu unseren Ausgangspunkt am Ostufer der Eider lassen wir uns vom Fährmann übersetzen.

Tour 14

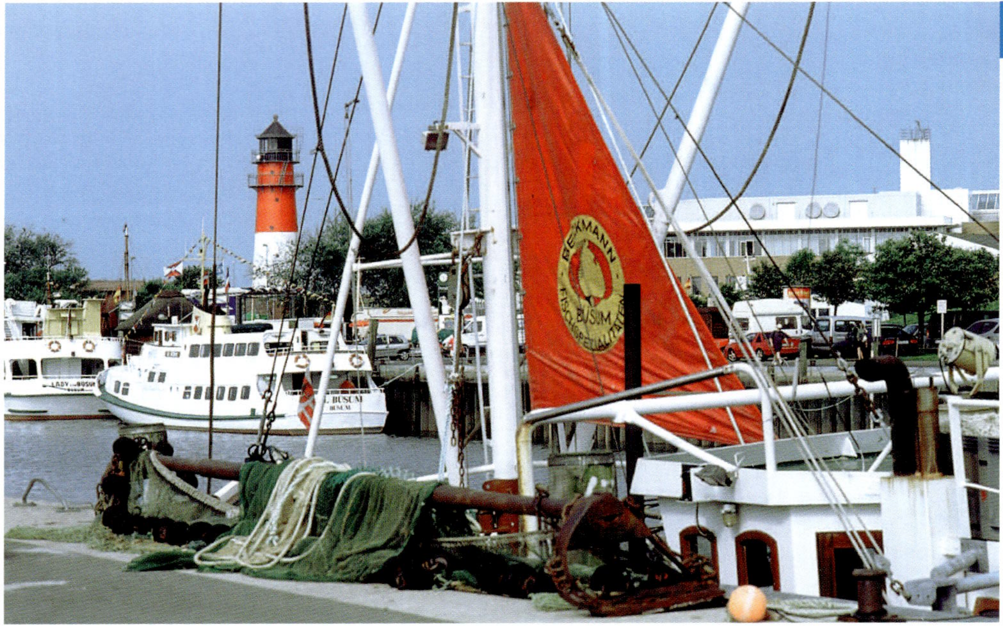

Ausgangspunkt:
Am Hafen (Ankerplatz) in **Büsum**

Tourverlauf:
Von Büsum über das Eidersperrwerk und Wesselburen zurück nach Büsum.

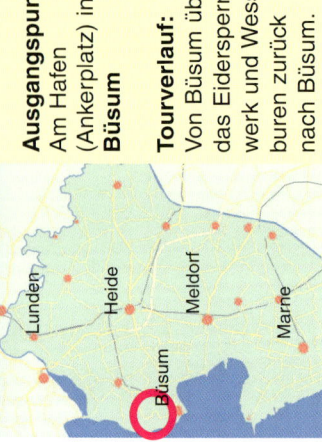

Auskunft: Kur und Tourismus Service Büsum – Tel. 0 48 34 - 90 91 35

Tourismusverein Wesselburen
Tel. 0 48 33 - 41 01

Gesamtlänge der Tour: 42,6 km

Romantischer Hafen – modernes Sperrwerk

Büsum–Eidersperrwerk– Wesselburen–Büsum

Vom Hafen in Büsum radeln wir am Seedeich bis zum Eidersperrwerk und kommen an einigen Badestellen vorüber. Über Seehof und Norddeich gelangen wir nach Wesselburen. Schon von weitem ist die Kirche von Wesselburen mit ihrem für die Landschaft untypischen Zwiebelturm zu erkennen. Anschließend fahren wir über das schon im Mittelalter gegründete Wurtendorf Reinsbüttel zurück nach Büsum.

Unterwegs entdecken

Büsum

Bis 1585 war Büsum eine Insel. Der Name bedeutet: mit Gras und Binsen bewachsene Insel. Im Mittelalter schützte ein Deich, der heute nur noch in Resten erhalten ist, den Ort.

Heute hat sich Büsum zum größten Seebad Dithmarschens entwickelt. In dem reizvollen Fischereihafen mit dem kleinen Leuchtturm, den Krabbenkuttern und Ausflugsschiffen gibt es immer etwas zu erleben. Seefahrtsgeschichte kann man auch in der St.-Clemens-Kirche finden. Die prachtvolle Bronzetaufe entwendete der Büsumer Seeräuber Cord Widderich aus der Kirche zu Pellworm und „schenkte" sie der Büsumer Kirche.

Eidersperrwerk

Ebbe und Flut wirkten sich vor der Errichtung des Eidersperrwerkes bis weit ins Landesinnere aus, und immer wieder führten Sturmfluten zu Überschwemmungen. Das beeindruckende Sperrwerk mit seinen fünf Durchlassöffnungen von je 40 m Breite wurde 1973 fertig gestellt.

Wesselburen

Der Ort entstand seit dem 9. Jh. und zählt zu den großen Wurtendörfern des Mittelalters. Mittelpunkt ist die **St.-Bartholomäus-Kirche** aus dem 12. Jh. Nach einem Brand 1736 wurde die Kirche 1737/38 wiederaufgebaut.

Hebbel-Museum

In dem Haus in der Österstraße 7 verbrachte Friedrich Hebbel als Schreiber des Kirchspielsvogtes seine Jugendzeit. **Die Kirchspielsschreiberei** entstand vermutlich unmittelbar nach dem großen Brand von 1736.

Reinsbüttel

Die aus Klei erhöhte Langwurt entstand ab dem 12. Jh. und besaß vermutlich einen Kleinhafen für den Seehandel zwischen den Wurtendörfern und dem Hinterland.

Büsum–Eidersperrwerk–Wesselburen–Büsum

Ausgangspunkt ist der Ankerplatz am *Hafen* in **Büsum** (**0,0 km**). Von dort wenden wir uns zum Haus des Kurgastes, halten uns vor diesem links und erreichen nach 100 m die Fußgängerzone. **A** Dort schieben wir das Rad geradeaus in die *Alleestraße* und biegen nach 50 m links in die *Hohenzollernstraße* ein (weiterhin Fußgängerzone) (**0,2 km**). Am Ende der Fußgängerzone (**0,4 km**) fahren wir geradeaus weiter auf der *Hohenzollernstraße*, an deren Ende die *Strandstraße* und bei **km 0,6 km**) schwenken wir rechts in die *Strandstraße* und bei **km 0,8** links in die *Nordseestraße* (**A** Radwegweiser zeigt nach rechts). Wir fahren auf der *Nordseestraße* immer geradeaus, schwenken vor dem Deich nach rechts (**1,5 km**) (Zugang zum *Strand* und WC) und fahren an

---

Eider

Eidersperrwerk

Badestelle

18,6

16,6 /20,6

21,2

22,0

13,3

11,6

N o r d s e e

Wesselburener-koog

Seehof

23,1

24,5 Neuer-

Sommer-

Koog

Hillgroven

Heringsand

Hellschen

Strübbel

Böd-ding-husen

Schülp

Schülper-deich

Göjen

Norddeich

27,2

28,3

Wesselburen Oester-

28,9

wuth

Süderdeich

30,8

32,7

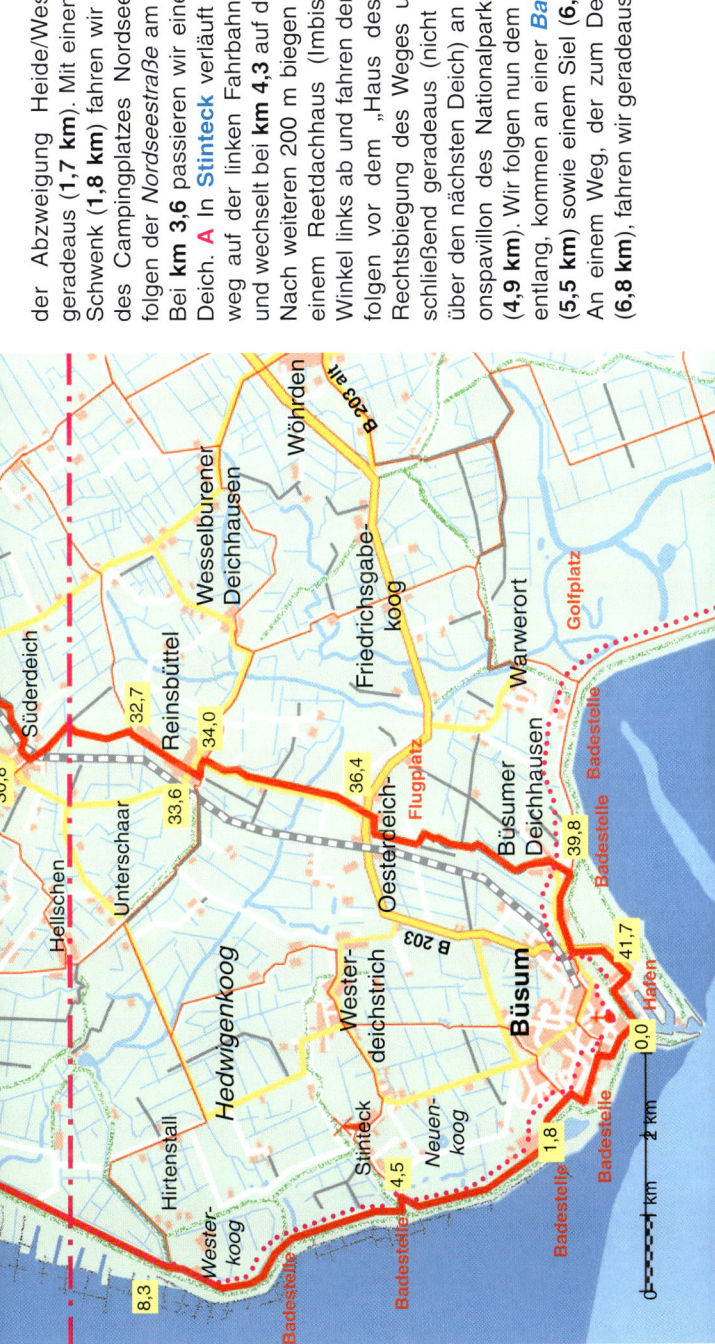

der Abzweigung Heide/Westerdeichstrich geradeaus (**1,7 km**). Mit einem Links-rechts-Schwenk (**1,8 km**) fahren wir an der Zufahrt des Campingplatzes Nordsee vorüber und folgen der *Nordseestraße* am Deich entlang. Bei **km 3,6** passieren wir eine Auffahrt zum Deich. A In Stinteck verläuft der Fuß-/Radweg auf der linken Fahrbahnseite (**3,9 km**) und wechselt bei **km 4,3** auf die rechte Seite. Nach weiteren 200 m biegen wir gegenüber einem Reetdachhaus (Imbiss) im spitzen Winkel links ab und fahren den Deich hinauf, folgen vor dem „Haus des Gastes" der Rechtsbiegung des Weges und radeln anschließend geradeaus (nicht zur Badestelle über den nächsten Deich) an dem Informationspavillon des Nationalparkamtes vorüber (**4,9 km**). Wir folgen nun dem Weg am Deich entlang, kommen an einer *Badestelle* (FKK) (**5,5 km**) sowie einem Siel (**6,5 km**) vorüber. An einem Weg, der zum Deich hinaufführt (**6,8 km**), fahren wir geradeaus, passieren ein

Gatter (**8,0 km**) und erreichen gleich darauf eine weitere *Badestelle* (mit Parkplatz und Kinderspielplatz).

An der Abzweigung nach Hellschen schwenken wir nach links, passieren ein weiteres Gatter und radeln zum Deich hinauf. Auf der Deichkrone halten wir uns rechts und fahren zum landseitigen Deichfuß hinunter, wo wir nochmal ein Gatter (**8,6 km**) passieren. An den Abzweigungen bei **km 9,3, km 10,5** und **km 11,5** radeln wir geradeaus. Bei der letzten Abzweigung kann man auch zum Deich hinauffahren und am seewärtigen Deichfuß bis zum Eidersperrwerk radeln.

An der Abzweigung Eidersperrwerk/Hellschen (**11,6 km**) fahren wir geradeaus (nach Hellschen geht es über eine Grasfläche zur Brücke). Wir fahren weiter am Deich entlang, passieren bei **km 13,3** ein Siel und erreichen in der Nähe eines Campingplatzes die Abzweigung nach Wesselburen (**16,6 km**). Wer nicht zum Eidersperrwerk fahren möch-

te, biegt hier rechts ab. Zum Eidersperrwerk fahren wir geradeaus, radeln an der Abzweigung bei **km 17,2** zum Deich hinauf und auf der Krone des betonierten Deiches weiter bis zum *Eidersperrwerk* (**18,6 km**).

Anschließend fahren wir bis zur Abzweigung nach Wesselburen zurück und biegen dort links ab (**20,6 km**), radeln an der *Dammstraße* vorüber (**21,2 km**), fahren auf der *Dammstraße* an der Kreuzung *Burgweg* geradeaus und schwenken bei **km 22,0** rechts in den fahrbahnbegleitenden Radweg der Landesstraße (weiterhin *Dammstraße*). An der Kreuzung *Lämmersfeld* (Gemüseverkauf) fahren wir geradeaus und biegen an der nächsten Kreuzung (**23,1 km**) rechts nach Seehof ab. In **Seehof** schwenken wir vor einem Gehöft nach links (**24,5 km**), passieren den Deich auf dem *Seehofsweg* und fahren weiter geradeaus auf der *Dorfstraße*. Anschließend folgen wir einer S-Kurve (**24,7 km**), biegen vor einem Spurplattenweg links in die Straße Zwi-

schen den Bergen ein (**24,9 km**) und an der nächsten Abzweigung links nach Wesselburen ab (**25,2 km**).

Bei **km 26,7** fahren wir an einem Spurplattenweg geradeaus, biegen nach wenigen Metern rechts in die Vorfahrtstraße ein und erreichen **Norddeich** (**27,0 km**). An der Abzweigung nach Tönning fahren wir geradeaus und schwenken anschließend links in die Straße *Kapersteig*. Nach einem Rechts-links-Schwenk (**27,2 km**) radeln wir auf einem Spurplattenweg bis **Wesselburen**. Dort queren wir die Straße *Am Stadtpark* (**28,3 km**), radeln geradeaus in die *Klingbergstraße* und fahren an der *Hebbelstraße* ebenfalls geradeaus. Am Ende der *Klingbergstraße* halten wir uns halb links und erreichen auf der *Westerstraße* die *St.-Bartholomäus-Kirche* (**28,6 km**).

An der Kirche biegen wir in die *Süderstraße* ein und schieben das Rad bis zur *Büsumer Straße* (Einbahnstraße in entgegengesetzter Richtung). Wir queren die *Büsumer Straße* und fahren geradeaus auf der *Süderstraße* bis zum **Hebbelhaus** (Touristinformation) **(28,9 km)**. Hier biegen wir rechts ab in die *Bahnhofstraße*, queren die Bahngleise und biegen gleich darauf rechts in den *Schwarzen Weg* ein **(29,4 km)**. In **Süderdeich** queren wir mit einem Rechts-links-Schwenk nochmal die Bahngleise **(30,8 km)** und fahren auf der *Querstraße* bis zur *Bahnhofstraße*, biegen dort links ab, Richtung Büsum, queren ein weiteres Mal die Bahngleise **(31,1 km)** und verlassen den Ort. Bei **km 31,7** passieren wir eine kleine Brücke und biegen gleich danach vor einem Kiesweg rechts ab. An den ersten Häusern von **Reinsbüttel** biegen wir rechts in den *Karkenweg* ein (in Richtung Büsum) **(32,7 km)**, fahren am *Bengsweg* geradeaus **(33,1 km)**, queren die Vorfahrtstraße in **Reinsbüttel** mit einem Links-rechts-Schwenk und fahren in den *Smeedweg* **(33,6 km)**. An der Verkehrsinsel biegen wir links und bei **km 34,0** rechts nach Büsum ab.

In **Oesterdeichstrich** queren wir **A** vorsichtig die B 203 **(36,4 km)**, biegen nach wenigen Metern rechts in die Straße *Am Flugplatz* ein und nach 200 m nochmal links (zum Flugplatz). Anschließend fahren wir am **Flugplatz** **(37,3 km)** vorbei (**A** Ampelanlage vor der Einflugschneise beachten), biegen gleich darauf vor einem Spurplattenweg links ab, folgen weiter dem Asphaltweg, der an der Flugzeughalle nochmal rechts abbiegt **(37,5 km)** und gelangen anschließend auf einen Spurplattenweg. Bei **km 38,1** fahren wir an der Abzweigung geradeaus, halten uns an der folgenden Weggabelung links **(38,9 km)** und erreichen bei **km 39,2 Büsumer Deichhausen**. Auf der Straße *Ohl Lühr* fahren wir bis zum *Marschenweg*, schwenken dort nach rechts und biegen gleich darauf am Buswartehäuschen links zum Strand in die Straße *Ober'n Barg* ein. An der T-Kreuzung *Achtern Diek* biegen wir rechts nach Büsum ab **(39,8 km)** und schwenken bei **km 40,0** rechts nach Büsum ab.

links in den fahrbahnbegleitenden Radweg der *Büsumer Straße*. In **Büsum** queren wir die Straße *Hafentörn* an der Ampel **(40,8 km)** und fahren links auf dem Radweg weiter, schwenken anschließend rechts in die *Dr.-Martin-Bahr-Straße*, queren die Bahngleise der Hafenbahn **(41,7 km)** und fahren auf dem Fuß-/Radweg bis zur Jugendherberge. Dort biegen wir links in den *Fischerkai* ein und fahren am **Hafen** zurück bis zu unserem Ausgangspunkt.

Ausgangspunkt
ist die Tourist-Information an der Dünen-Therme in **St. Peter-Bad**

Tourverlauf:
St. Peter-Ording–Westerhever–Tating–St. Peter-Ording.

Auskunft:
Tourismus-Zentrale St. Peter-Ording
25826 St. Peter-Ording
Tel. 04863-9990

Gesamtlänge der Tour: 43,0 km

Ein Leuchtturm wie im Bilderbuch

St. Peter-Ording–Westerhever – Tating–St. Peter-Ording

Von der Dünen-Therme in St. Peter-Ording führt die Tour zwischen Dünen und Wattenmeer hindurch zum „Hafen" der Strandsegler in Ording. Anschließend fahren wir um die Tümlauer Bucht. Sie ist neben dem Königshafen auf Sylt die einzige Bucht im schleswig-holsteinischen Wattenmeer. Nachdem wir den kleinen Tümlauer Bootshafen passiert haben, wechseln wir den Weg zur seeseitigen Deichseite. Wir können nun unser Ziel, den rot-weiß geringelten Leuchtturm von Westerhever, schon sehen. Am Leuchtturm befindet sich auch ein naturkundliches Infozentrum der Schutzstation Wattenmeer. Wer nach so viel Natur noch etwas Kultur sehen möchte, dem sei ein Besuch der Kirchen in Westerhever und Tating empfohlen. Außerdem lohnt sich in Tating eine Besichtigung des Hochdorfer Gartens.

Unterwegs entdecken

Leuchtturm Westerheversand

Der 1907 erbaute Leuchtturm sendet sein Licht aus 41,5 Metern Höhe auf das Meer. Er dürfte der meistfotografierte in Deutschland sein und kann besichtigt werden. Informationen und Eintrittskarten gibt es nur im Servicegebäude am Parkplatz vor dem Deich (Tel. 04865-1206).
Öffnungszeiten aktuell erfragen.

Tating

St. Magnus in Tating ist die älteste Kirche Eiderstedts. Der älteste Teil stammt von 1103. Das historische Inventar stammt überwiegend aus dem 15. bis 17. Jahrhundert. Im Vorraum befindet sich ein Grabstein des Eiderstedter Stallers Sievertsen.

St. Peter-Ording

Das Markenzeichen von St. Peter-Ording ist der 12 Kilometer lange Sandstrand mit den unverwechselbaren Pfahlbauten. Von den vier Ortsteilen hat jeder seinen eigenen Charakter.

Die Kirche in **Ording** musste schon zweimal dem Sand oder den Wellen weichen. Auch der Hafen liegt neben den Dünen auf dem Land. Es ist der „Ankerplatz" der Strandsegler.
St. Peter-Bad bietet den Gästen die Dünen-Therme und das Gesundheitszentrum mit Kuranwendungen und Wellnessangeboten.
St. Peter-Dorf ist der Mittelpunkt der vier Ortsteile. Hinter dem Marktplatz, auf dem mittwochs ein Wochenmarkt stattfindet, liegen die Kirche St. Peter und das Heimatmuseum.
In **St. Peter-Böhl** sind schmucke Reetdachhäuser zu sehen. Sein Wahrzeichen ist der Leuchtturm aus dunkelrotem Backstein.
Am Ortseingang von Böhl liegt der Westenküstenpark. Der Haus- und Wildtierpark mit der größten Robbenanlage in Deutschland begeistert nicht nur kleine Tierfreunde.

St. Peter-Ording–Westerhever–
Tating–St. Peter-Ording

Von der Tourist-Information an der *Dünen-Therme* in **St. Peter-Bad** (**0,0 km**) schwenken wir nach rechts, kommen am Wellness-Zentrum vorbei und biegen rechts in die Fußgängerstraße *Am Kurbad* (**0,1 km**) ein. Hier schieben wir das Rad, queren die Promenade sowie den Deich und biegen an der Buhne vor der *Seebrücke* rechts in den Fuß-/Radweg ein, der zwischen Dünen und Sandbank hindurchführt. Nachdem wir den „Hafen" der Strandsegler passiert haben, biegen wir an der Abzweigung Ording-Strand (**1,7 km**) rechts in den *Strandweg* Richtung Ording ab, queren den Dünenstreifen, fahren an der Abzweigung zum Wetterdienst (**2,0 km**) geradeaus und schwenken vor dem Deich (**2,2 km**) links in den Radweg nach Ording. Am Strandzugang von Ording fahren wir gerade-

23,4

24,1

24,8

Süder-hever-koog

22,3

Westerhever

10,6

26,7

Tümlauer-Koog

9,3

16,4/20,2

16,0

17,0

18,3

Leuchtturm Westerhever

Tümlauer Bucht

deaus über den Deich (**3,3 km**). Am Deichfuß halten wir uns links und folgen der Straße *Norderdeich*. Bei **km 5,5** radeln wir an einer Auffahrt zum Deich sowie der Abzweigung *Grundeweg* geradeaus und passieren ein Gatter. Wir radeln weiter auf dem *Weg Norderdeich* an einem Feuchtgebiet mit dichten Röhrichtfeldern vorüber. Am Wegrand stehen zwei Unterstände (**5,8** und **6,5 km**), von denen aus man die Vögel ungestört beobachten kann.

Anschließend fahren wir zum Deich hinauf **6,9 km** und halten uns an der Abzweigung auf der Deichkrone links (diese Abzweigung erreichen wir wieder auf unserer Rückfahrt). Wir fahren weiter am landseitigen Deichfuß durch den Tümlauer-Koog und passieren zwei Gatter. An der Deichauffahrt zum kleinen *Hafen* (**9,3 km**) lohnt sich ein kleiner Abstecher zur Deichkrone. Anschließend fahren wir weiter am landseitigen Deichfuß entlang, kommen am Siel Tümlauer-Koog vorü-

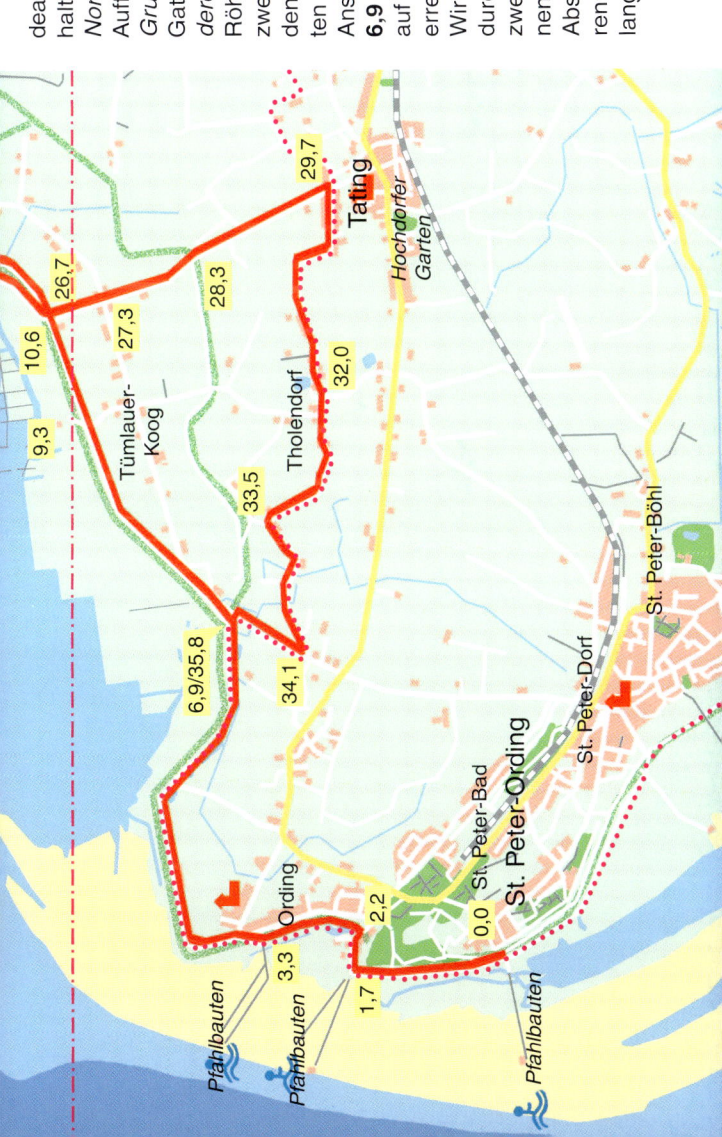

ber und fahren an der Auffahrt zum Deich (**9,8 km**) geradeaus. Bei **km 10,6** passieren wir ein Gatter, fahren an der Kreuzung links über den Deich und schwenken am seeseitigen Deichfuß (**10,9 km**) rechts in den Treibelpfad. Wir folgen dem weiten Linksbogen des seeseitigen Deichweges, fahren an einer Deichauffahrt vorbei und passieren am Schöpfwerk Süderheverkoog (**12,9 km**), zwei Gatter. Wir bleiben auf dem seeseitigen Deichweg, fahren an zwei Deichübergängen (**14,1 km** und **15,6 km**) vorüber und erreichen den alten *Ziegelweg* zum Leuchtturm (**16,0 km**). Dieser schmale Weg darf nur von Fußgängern als Einbahnweg vom Leuchtturm zum Deich benutzt werden! Wir fahren am Deichübergang zum Parkplatz Westerhever vorüber und schwenken nach wenigen Metern links in den Weg zum Leuchtturm (**16,4 km**).

Info: Wer den Leuchtturm besuchen möchte, bekommt die Eintrittskarten nur im Servicegebäude am Parkplatz vor dem Deich. Dort

befinden sich auch ein Kiosk und WC. An der Abzweigung zur Badestelle (**17,0 km**) biegen wir links ab.

Abstecher: Zum Strand und zum Watt 200 m geradeaus weiterfahren.

Bei **km 17,6** passieren wir eine kleine Holzbrücke und erreichen nach einer letzten Linkskurve den *Leuchtturm Westerheversand* (**18,3 km**). In einem der beiden Häuser befindet sich ein Naturzentrum der Schutzstation Wattenmeer. Die Schutzstation bietet auch Watt- und Salzwiesenführungen an.

Nach einer wohlverdienten Rast unterm Leuchtturm und vielleicht einem Abstecher zum Strand fahren wir zum Deich zurück. Vor dem Deich queren wir mit einem Rechts-links-Schwenk den seeseitigen Deichweg (**20,2 km**), den wir auf der Hinfahrt benutzt hatten, und fahren über den Deich. Am landseitigen Deichfuß passieren wir ein Gatter, fahren noch ein paar Meter geradeaus, biegen rechts in den *Ahndelweg* ein und radeln

an der Abzweigung *Leikenhusen* (**20,5 km**) geradeaus am Parkplatz (mit Kiosk und WC) vorüber.

An der Kreuzung *Süderweg* (**21,6 km**) radeln wir vom *Ahndelweg* geradeaus in die *Dorfstraße*, fahren in **Westerhever** an der *Kirche* (**22,3 km**) vorüber und queren den Ort auf der *Dorfstraße*. An der Abzweigung *Siekweg* fahren wir geradeaus von der *Dorfstraße* in die *Westerheverstraße*, passieren die Straße *Sieversbüll* (**23,4 km**) und biegen gleich darauf rechts in die Kreisstraße nach St. Peter-Ording ab. Bei **km 24,1** radeln wir zum Deich hinauf, folgen auf der Deichkrone dem Radwegweiser nach rechts, passieren ein Gatter und schwenken vor dem Seedeich (**24,4 km**) in den Weg am landseitigen Deichfuß.

(Wer lieber an der Seeseite radeln möchte, fährt über die Deichrampe zum Treibelweg, auf dem wir auf der Hinfahrt geradelt sind.)

Wir passieren ein weiteres Gatter, kommen am Schöpfwerk Süderheverkoog vorüber und überqueren den Deich zum Tümlauer-Koog (**24,8 km**). An der Weggabelung auf dem Deich halten wir uns links und fahren weiter am landseitigen Deichfuß. An der Wegkreuzung (**26,7 km**), an der wir auf der Hinfahrt zum seeseitigen Deichfuß gewechselt hatten, biegen wir jetzt vor dem Gatter links ab und radeln über die Brücke Richtung Tating. Nach 300 m geht der Spurplattenweg in einen Asphaltweg über. An der Kreuzung *Koogstraße* (**27,3 km**) fahren wir geradeaus auf der *Tatinger Straße* in Richtung Tating, passieren eine Stöpe (Deichtor) (**28,3 km**) und verlassen den Tümlauer-Koog.

An zwei Abzweigungen (**28,6 km** und **28,8 km**) fahren wir geradeaus und biegen wenige Meter hinter dem Ortsschild **Tating** an der ersten Kreuzung (**29,7 km**) rechts in die Straße *Hauert* ein.

Abstecher: Zur *Kirche* in **Tating** fahren wir geradeaus auf dem fahrbahnbegleitenden Radweg, schwenken rechts in die *Norder-*

straße, halten uns nach 100 m an der Weggabelung links und erreichen nach weiteren 200 m die Kirche.

Wir fahren auf dem *Nordseeküstenradweg* am nördlichen Ortsrand von **Tating** entlang, verlassen mit einer Rechtsbiegung den Ort (**30,4**) und kommen anschließend an einzelnen Häusern von **Tohlendorf** (**31,4 km**) vorüber. An der Weggabelung bei **km 32,0** halten wir uns rechts Richtung Ording, fahren an der Abzweigung (**32,2 km**) geradeaus und folgen der Linksbiegung des Hauptweges (**33,5 km**). Vor einer Sackgasse folgen wir dem Radwegweiser nach links (**34,1 km**) und biegen bei **km 34,9** vom *Koogsweg* rechts in die Vorfahrtstraße ein. An der Abzweigung vor dem Deich (**35,4 km**) fahren wir geradeaus den Deich zum Tümlauer-Koog hinauf, biegen auf der Deichkrone links ab

(**35,6 km**) und erreichen vor dem Seedeich die Abzweigung Westerhever/St. Peter-Ording, an der wir auf der Hinfahrt nach Westerhever abgebogen waren (**35,8 km**). Jetzt halten wir uns links und fahren den gleichen Weg in umgekehrter Richtung nach **St. Peter-Ording** zurück.

Tour 16

Ausgangspunkt ist der Fähranleger Strucklahnungshörn auf **Nordstrand**

Tourverlauf: Von Strucklahnungshörn über Norden, Holmer Siel, Süderhafen und Westen zurück nach Strucklahnungshörn.

Auskunft: Kurverwaltung und Zimmervermittlung Nordstrand
Schulweg 4, 25845 Nordstrand
Tel. 0 48 42 - 454

Gesamtlänge der Tour: 27,7 km

Auf dem Nordseeküstenradweg um Nordstrand

Strucklahnungshörn–Norden–Holmer Siel–Süderhafen–Westen–Strucklahnungshörn

Vom Fähranleger Strucklahnungshörn, an dem die Fähre nach Pellworm ablegt, folgt die Tour dem Nordseeküstenradweg am Wattenmeer entlang. Am Holmer Siel verlassen wir den Nordseeküstenradweg, radeln durch die Köge bis zum Straßendamm, der Nordstrand mit dem Festland verbindet, und treffen dort wieder auf den Nordseeküstenradweg. Bis Süderhafen folgen wir dem Deich und können bei klarem Wetter über die Husumer Bucht bis nach Eiderstedt blicken.

An der Engelmühle verlassen wir den Deich, radeln durch die kleinen Ortschaften Herrendeich, Süden, Westen und kommen an der Badestelle Fuhlehörn vorüber (hier starten die Kutschfahrten zur Hallig Südfall).

Unterwegs entdecken

Nordstrand

Der Untergang Alt Nordstrands geschah in der großen Sturmflut 1634, der Zweiten Mandränke. Bei dieser Sturmflut fanden auf Alt Nordstrand mehr als 6000 Menschen den Tod. Alt Nordstrand wurde zerstört, und übrig blieben die Inseln Nordstrand, Pellworm, Hallig Nordstrandischmoor und die Hamburger Hallig. Heute ist Nordstrand von einem schützenden Deich umgeben und durch den Autodamm mit dem Festland verbunden. Seit der Eindeichung des Beltringharder Koogs verbindet ein weiterer Damm Nordstrand über Lüttmoorsiel mit dem Festland.

Fährhafen Strucklahnungshörn

In Strucklahnungshörn legen die Fähren der N.P.D.G. nach Pellworm ab. Auch Schiffsausflüge nach Hooge, Amrum, Sylt und zu den Seehundsbänken beginnen hier.

Badestelle Fuhlehörn

Von Fuhlehörn werden Wattwanderungen und Kutschfahrten zur Hallig Südfall angeboten.

Engelmühle

In der restaurierten Windmühle in Süderhafen befindet sich ein Café.

Infozentrum des Nationalpark-Service

Im Infozentrum werden Vorträge über das Leben im Wattenmeer angeboten. In einer Ausstellung werden unter anderem die Veränderungen des Wattenmeeres um Nordstrand in den vergangenen Jahrhunderten gezeigt.

Kirchen

Neben der evangelischen Kirche in Odenbüll gibt es in Süden eine katholische und eine altkatholische Kirche.

Strucklahnungshörn–Norden–Holmer Siel–Süderhafen–Westen–Strucklahnungshörn

Ausgangspunkt ist der Fähranleger Strucklahnungshörn (**0,0 km**), an dem die Fähre nach Pellworm ablegt. Von dort fahren wir um den *Hafen* herum und folgen der Zufahrtstraße. **A** An der Abzweigung zum Parkplatz beginnt auf der linken Fahrbahnseite der Radweg. An der Abzweigung *Mitteldeich* (**1,1 km**) fahren wir einen Rechts-links-Schwenk, folgen nun dem Radweg parallel der Landesstraße und radeln in **Norden** an der Abzweigung zum *Infozentrum* des Nationalparks, *Kurzentrum* und *Hallenbad* (**1,7 km**) geradeaus. Mit einem Links-rechts-Schwenk überqueren wir die Straße *Norderhafen* (**2,0 km**) und eine kleine Brücke, kommen an einigen Restaurants vorbei, fahren mit einem Links-

bogen auf dem schmalen Asphaltweg zum Deich hinauf. Bei **km 2,7** biegen wir vor einigen Häusern links ab, folgen dem *Nordseeküstenradweg*, passieren ein Gatter und schwenken am seewärtigen Deichfuß nach rechts. Nachdem der Treibelweg dicht an der Wattkante entlangführt (**5,4 km**), fahren wir an der nächsten Deichauffahrt geradeaus und biegen ca. 200 m vor dem Holmer Siel rechts ab, überqueren den Deich, schwenken anschließend nach rechts und am Parkplatz auf dem Deich nach links (**6,1 km**).

An der Kreuzung (**6,5 km**), an der es rechts zum Campingplatz geht, fahren wir weiter geradeaus durch den Elisabeth-Sophien-Koog, kommen an einzelnen Gehöften vorüber und biegen an der nächsten Kreuzung (**7,8 km**) links ab. Nach 300 m fahren wir am *Uthlander Windpark* vorüber, folgen der Rechtskurve (**8,9 km**) und fahren den Deich hinauf. An der Abzweigung zu einem Haus radeln wir geradeaus, rollen nach einer Links-

biegung (**9,1 km**) den Deich hinunter und fahren auf dem *Hüttenweg* an der Abzweigung *Edomsharder Weg* (**10,3 km**) geradeaus. Bei **km 11,0** passieren wir den Deich, der den Morsumkoog vom Pohnshalligkoog trennt, und radeln gleich darauf an der Kreuzung geradeaus in den *Süderquerweg*. An dessen Ende (**12,0 km**) schwenken wir links in den fahrbahnbegleitenden Radweg der *Pohnshalligkoogstraße* Richtung Husum, radeln am Parkplatz mit einigen Infotafeln vorüber, folgen dem weiten Rechtsbogen des Radweges und fahren den Deich hinauf.

Auf der Deichkrone (**13,0 km**) biegen wir rechts nach Süderhafen ab, queren **A** die Straße nach Husum, halten uns nach 100 m an der Weggabelung rechts (Richtung Süderhafen) und folgen wieder dem *Nordseeküstenradweg*. An der Schäferei passieren wir ein Gatter (**13,5 km**), fahren am landseitigen Deichfuß entlang und passieren zwei weitere Gatter sowie einen Grasweg. An der Auffahrt,

die im spitzen Winkel den Deich hinaufführt, (**15,0 km**) und an dem Weg, der neben einer Infotafel abzweigt, fahren wir geradeaus. Bei **km 15,5** und **16,1** passieren wir nochmals Gatter, fahren an einem Querweg geradeaus und halten uns an der Weggabelung links (**16,2 km**). Wir folgen weiter dem *Nordseeküstenradweg*, radeln über den Deich und schwenken rechts in den seeseitigen Deichfuß. Zu unserer Linken erstrecken sich ausgedehnte Salzwiesen, in denen sich besonders während des Vogelzugs und in der Brutzeit zahlreiche Vögel beobachten lassen.

Bei **km 18,7** passieren wir ein Gatter, fahren geradeaus auf das Silo von **Süderhafen** zu und schwenken direkt vor dem Gebäude nach links, umfahren das Silo im Uhrzeigersinn und biegen an der Straße, die auf dem Deich verläuft (**18,9 km**), nochmals links ab. An der Abzweigung der Straße *Süderhafen* (**19,0 km**) fahren wir geradeaus.

Abstecher: Zur *Engelmühle* (Café) biegen wir rechts in die Straße *Süderhafen* ein.

An der Abzweigung *Moordeich* fahren wir geradeaus (**19,5 km**) und folgen dem fahrbahnbegleitenden Radweg der *Evensbüller Chaussee* Richtung Süden. Auf dem Herrendeich (**22,4 km**) fahren wir geradeaus. Hier geht die *Evensbüller Chaussee* an der Kreuzung *Schulweg* in den *Herrendeich* über. An den Abzweigungen zum Elisabeth-Sophien-Koog (**22,8 km** und **23,4 km**) fahren wir geradeaus (Richtung Fähre Pellworm).

Bei **km 23,8** erreichen wir **Süden** und fahren an den Abzweigungen, die rechts und links zu den **Kirchen** führen, geradeaus.

Abstecher: Zur katholischen *Kirche St. Knud* biegen wir ca. 30 m vor dem Ortsschild Süden links ab (150 m), zur altkatholischen *Kirche* 100 m nach dem Ortsschild rechts (100 m).

Vor der Inseltöpferei (**24,0 km**) biegen wir links ab und lassen den *Fasanenweg* linker Hand. An der Weggabelung bei **km 24,3** halten wir uns rechts, passieren einen Deichdurchgang, radeln durch **Westen** und fahren an der Abzweigung *Kreuzweg* geradeaus (**25,7 km**). Am Ortsende von **Westen** (Infopavillon Nationalpark) (**26,0 km**) folgen wir dem *Nordseeküstenradweg*, überqueren den Deich und schwenken am seewärtigen Deichfuß nach rechts.

Abstecher: Links geht es zur *Badestelle Fulhörn*. Dort beginnen auch die Wattwanderungen und Kutschfahrten zur Hallig Südfall.

Bei **km 27,6** passieren wir ein Gatter, fahren anschließend zum Deich hinauf und erreichen wieder den *Fähranleger Strucklahnungshörn*.

Ausgangspunkt
ist der Parkplatz am Holmer Siel auf **Nordstrand**

Tourverlauf:
Vom Holmer Siel über Lüttmoorsiel, Hamburger Hallig, und Lüttmoorsiel zurück zum Holmer Siel.

Auskunft:
Kurverwaltung und Zimmervermittlung Nordstrand
Schulweg 4, 25845 Nordstrand
Tel. 0 48 42-4 54

Gesamtlänge der Tour: 31,8 km

Immer am Deich entlang

Holmer Siel–Lüttmoorsiel–Hamburger Hallig–Lüttmoorsiel–Holmer Siel

Die Radtour vom Holmer Siel auf Nordstrand zur Hamburger Hallig zählt zu den beliebtesten Touren an diesem Küstenabschnitt. Wir radeln auf dem Nordseeküstenradweg am Wattenmeer und an ausgedehnten Salzwiesen entlang zur Hamburger Hallig. Die Rückfahrt führt am landseitigen Deichfuß durch das Naturschutzgebiet Beltringharder Koog mit seinen Flachwassergebieten. Wer diese Tour im Frühjahr zur Zeit des Vogelzugs unternimmt, kann neben unzähligen Watvögeln tausende von Weißwangen- und Ringelgänsen beobachten, die sich hier Fettreserven für den Weiterflug anfressen. Fast die gesamte Strecke ist für den Autoverkehr gesperrt oder nur eingeschränkt zugelassen.

Unterwegs entdecken

Hamburger Hallig

Das Volgesbüller Vorland von Alt Nordstrand kauften um 1625 die Brüder Amsinck, beide Hamburger Kaufleute. Sie deichten das Gebiet ein, um es als fruchtbares Weide- und Ackerland zu nutzen, und nannten es Amsinck Koog. Die 2. Mandränke zerstörte im Jahr 1634 Alt Nordstrand. Nordstrand, Pellworm, die Hallig Nordstrandischmoor und der Amsinck Koog blieben als Reste der alten Insel erhalten. In den folgenden Jahrzehnten ging trotz großer Bemühungen der Deichschutz des Amsinck Kooges verloren, und der Koog wurde zur Hallig.

1875 entstand die erste Festlandsverbindung zur Sicherung der Vorlandbildung. Seit 1930 wurde die Hallig unter Naturschutz gestellt und gehört seit 1985 zum Nationalpark. Auf der Hallig befinden sich eine Gastwirtschaft und eine Außenstelle des National-park-Service mit Wattwerkstatt. Im Frühjahr rasten auf den Salzwiesen der Hamburger Hallig u. a. Tausende von Ringel- und Weißwangengänsen, auch Brutvögel finden in den unterschiedlich beweideten Salzwiesen ideale Bedingungen für die Aufzucht ihrer Jungen.

Bis zu 60-mal im Jahr wird auf der Hamburger Hallig „Land unter" gemeldet: Bei Sturmflut stehen Vorland und Weg unter Wasser.

Bei drohendem „Land unter" wird die Zufahrt zur Hallig gesperrt. Der Weg und die Warften sind dann ein wichtiger Rastplatz der Vögel.

Holmer Siel–Lüttmoorsiel–Hamburger Hallig–Lüttmoorsiel–Holmer Siel

Ausgangspunkt ist der Parkplatz *Holmer Siel* auf dem Deich am nordwestlichen Ende von **Nordstrand** (500 m südlich vom Holmer Siel). Von dort fahren wir in nördlicher Richtung ein Stück zum landseitigen Deichfuß hinunter und biegen an der ersten Weggabelung **(0,3 km)**, ca. 200 m vor dem *Holmer Siel*, links ab. Wir überqueren den Deich, schwenken am seeseitigen Deichweg nach rechts, passieren das Holmer Siel **(0,6 km)** und befinden uns nun auf dem *Nordseeküstenradweg*. Bei **km 2,3** fahren wir an der Abzweigung zum Deich geradeaus.

Bei stärkerem Wind aus Nordwest fährt man die beschriebene Strecke besser in umgekehrter Richtung. Man fährt dann auf dem windgeschützteren landseitigen Deichweg

zur Hamburger Hallig und radelt anschließend an dem seeseitigen Deichweg mit dem Wind im Rücken zurück. Bei **km 3,9** kommen wir am Lüttmoorsiel vorüber und queren nach 500 m **(4,4 km)** die Gleise der Halligbahn, die zu unserer Linken durch das Wattenmeer nach Nordstrandischmoor führen. Anschließend radeln wir an der *Badestelle Lüttmoorsiel* vorüber, passieren bei **km 8,3** den kleinen Bootshafen von **Bordelumsiel** und fahren in einem weiten Linksbogen **(10,2 km)** an ausgedehnte Salzwiesen entlang.

Am nächsten Deichübergang **(10,5 km)** radeln wir geradeaus, passieren ein Gatter **(11,2 km)** und biegen an der Wegkreuzung links in den Damm zur Hamburger Hallig **(11,8 km)** ein. Auf dem Damm führt ein schmaler, für Kraftfahrzeuge gebührenpflichtiger Fahrweg zur Hamburger Hallig.

Wir fahren auf dem Fuß-/Radweg neben dem Fahrweg und kommen an der Besucherinformation *Schafberg* (NABU, Vogelwart) (**13,4 km**) vorüber. 200 m weiter führt ein *Naturerlebnispfad* durch die Salzwiesen. Ein besonderes Erlebnis ist der Weg zur Hallig während des Vogelzugs. Riesige Vogelschwärme rasten dann in den Salzwiesen. Am auffälligsten sind die Nonnen- und Ringelgänse.

Nach einer Rechtsbiegung fahren wir direkt auf die weißen Häuser der Hallig zu, kommen am Zugang zur *Badestelle* vorüber und erreichen bei **km 15,6** die Gebäude auf der *Hamburger Hallig*. Hier befinden sich ein Restaurant und eine Außenstelle des Nationalpark-Service.

Neben dem Restaurant führt ein weiterer Weg zur Badestelle. Anschließend fahren wir über den Damm zurück, radeln wieder an der Schutzhütte auf dem *Schafberg* vorüber bis zum Festland (**19,6 km**). Dort queren wir den

Nordseeküstenradweg, den wir auf dem Hinweg benutzt hatten, fahren jetzt geradeaus über den Deich und passieren am landseitigen Deichzugang das Gatter neben der Schrankenanlage. Dort befindet sich ein Infopavillon des Nationalpark-Service und das *Amsinck-Haus* mit Ausstellung, Fahrradverleih und WC. Wir halten uns rechts, fahren zwischen Deich und *Amsinck-Haus* hindurch und folgen nun dem landseitigen Deichweg in Richtung Lüttmoorsiel.

Bei **km 20,3** und **22,3** passieren wir jeweils ein Gatter und fahren an der Querstraße und an der Auffahrt zum Deich geradeaus. Bei **km 22,9** und am Zugang zum Naturschutzgebiet Beltringharder Koog (Infotafel) passieren wir eine Schranke und folgen dem Weg zwischen Deich und Speicherbecken. Anschließend radeln wir an der Sönke-Nissen-Koog-Schleuse (**23,3 km**) vorüber und fahren über den Querdeich am Ende des Speicherbeckens (**23,9 km**). An der nächsten Auffahrt

zum Deich fahren wir geradeaus (**26,5 km**), passieren ein Gatter (**26,1 km**) und wenig später die Bahngleise der Halligbahn (**27,1 km**) in **Lüttmoorsiel**. Gleich darauf fahren wir an der Abzweigung nach Bredstedt (**27,2 km**) geradeaus, kommen am Café mit Kiosk und einem Infopavillon des Nationalpark-Service vorüber und radeln weiter am landseitigen Deichfuß entlang. Nach weiteren 600 m passieren wir das Lüttmoorsiel. Durch das Lüttmoorsiel und Holmer Siel fließt der Gezeitenstrom in bzw. aus der Salzwasserlagune des **Beltringharder Kooges** ins Wattenmeer. Der Radweg führt nun an der *Salzwasserlagune* entlang. Dieser Flachwasserbereich dient zahlreichen Watvögeln bei Flut als Rückzugsgebiet. Wir fahren an einem weiteren Deichübergang (**29,5 km**), am **Holmer Siel** (**31,0 km**) und an einem Café (mit Kiosk) vorüber. Nach einem letzten Anstieg zur Deichkrone erreichen wir wieder unseren Ausgangspunkt.

Ausgangspunkt
ist der Fähranleger in Wittdün auf **Amrum**

Tourverlauf:
Von Wittdün über Süddorf, Nebel und Norddorf zurück nach Wittdün.

Auskunft: Amrum Touristik AöR
Inselstraße 14 (Fähranleger), 25946 Wittdün
Tel. 0 46 82-9 40 30
Fährverbindung ab Dagebüll oder
Schlüttsiel:
Wyker Dampfschiffs-Reederei
Tel. 0 46 81-8 00 – www.faehre.de

Gesamtlänge der Tour: 23,1 km

Leuchtturm, Dünen und Wikingergräber

Wittdün–Süddorf–Nebel–Norddorf–Wittdün

Von Wittdün führt die Tour über Süddorf nach Nebel. Hier lohnt sich ein Besuch der Windmühle mit Heimatmuseum. Auch das Öömrang Hüs gibt einen Einblick in die Inselgeschichte. Nur ein paar hundert Meter weiter erreichen wir die St.-Clemens-Kirche aus dem 13. Jahrhundert. Auf dem Friedhof vor der Kirche stehen kunstvoll verzierte Grabsteine Amrumer Kapitäne und Walfänger.

In Norddorf lädt ein Sandstrand zu einem Badestopp ein. Das Naturzentrum kurz vor dem Strand informiert über das Leben im Wattenmeer, und die Seevogelwarte in Norddorf-Odde bietet in der Saison fast täglich Führungen an. Die Rückfahrt führt durch Kiefernwälder an der Dünenkante entlang nach Wittdün.

Unterwegs entdecken

Kirche St. Clemens in Nebel

Die romanische Kirche aus dem 13. Jahrhundert wird von einem sehenswerten Friedhof mit kunstvoll verzierten Grabsteinen aus der Walfängerzeit umgeben.

Mühle mit Heimatmuseum in Nebel

In der reetgedeckten Windmühle befindet sich neben dem Amrum-Museum eine Galerie. Öffnungszeiten aktuell erfragen.

Öömrang Hüs in Nebel

Das historische Friesenhaus bietet einen Einblick in friesische Wohnkultur und Seefahrtsgeschichte. Öffnungszeiten aktuell erfragen.

Seevogelwarte Norddorf-Odde

Die Vogelwarte bietet in der Saison täglich (außer montags) Führungen an.

Leuchtturm

Mit 63 Metern ist der Leuchtturm der höchste an der deutschen Nordseeküste. Von der Besucherplattform hat man einen herrlichen Blick über die Insel.
Besichtigungszeiten aktuell erfragen.

Wikingergräber

Am Ortsrand von Steenodde befinden sich ein Gräberfeld aus der Wikingerzeit (um 1000 n. Chr.) und der Grabhügel Esenhugh, vermutlich aus der Stein- oder Bronzezeit.

Naturzentren in Wittdün und Norddorf

In den Naturzentren des Öömrang Ferian und der Schutzstation Wattenmeer können Besucher in Aquarien Watt- und Nordseebewohner erleben sowie die Vogelwelt Amrums kennenlernen.
Die Naturzentren bieten auch naturkundliche und archäologische Führungen sowie Wattwanderungen an.

Wittdün–Süddorf–Nebel–Norddorf–Wittdün

Ausgangspunkt ist der Fähranleger in **Wittdün** auf Amrum (**0,0 km**). Von hier radeln wir auf der *Inselstraße* an der Promenade vorbei und folgen anschließend der Rechtskurve. Gegenüber der Kirche (**0,6 km**) schwenken wir in den fahrbahnbegleitenden Fuß-/Rad-weg und fahren an der Kreuzung *Norderende* (**0,9 km**) geradeaus. (Auf der Rückfahrt biegen wir hier in *Köhns Übergang* ein.) Auch an der Kreuzung am **Amrumspa Gesundheitszentrum** (rechts führt eine Zufahrtstraße zum *Seezeichenhafen*) fahren wir geradeaus, radeln durch ein schmales Gehölz und kommen an der Zufahrt zum Campingplatz (**2,2 km**) vorüber. Bei **km 2,7** treffen sich beide Insel-Radwege, die mit gelbem Kreis und grünem Dreieck gekenn-

zeichnet sind. Wir folgen auf der Hinfahrt den Wegweisern mit dem gelben Kreis und biegen hier rechts ab. Dieser Radweg führt auf der Ostseite über die Inseldörfer nach Norddorf. Anschließend radeln wir, dem grünen Dreieck folgend, durch Wald und Heide nach Süden und treffen zum Ende unserer Tour wieder auf diese Abzweigung.

In **Süddorf** fahren wir an zwei Abzweigungen (**3,2** und **3,6 km**) sowie der Kreuzung nach Steenodde (**3,7 km**) geradeaus und folgen dem Radwegweiser nach Nebel.

Empfehlenswerte Alternative:

Wir biegen an der Kreuzung nach Steenode rechts in den *Steanoodewai* ein. Nach 600 m führt rechts ein Sandweg zu einem Hügelgrab. Wir fahren geradeaus weiter. Am Ortsrand von **Steenodde** führt links ein Sandweg zum *Gräberfeld aus der Wikingerzeit* und zum *Grabhügel Esenhugh*. Anschließend fahren wir geradeaus weiter, folgen bei **km 5,1** der Linksbiegung der Asphaltstraße (der Sandweg rechts führt zu einem Hügelgrab aus der Steinzeit) und vor dem kleinen *Hafen* (**5,3 km**) geradeaus in einen Sandweg. Zwischen ansteigenden Feldern führt der Sandweg an der Wattkante entlang und steigt zum Kliff an. Dort fahren wir an der Abzweigung (**6,3 km**) geradeaus, rollen bergab, verlassen in einem leichten Linksbogen die Wattkante (**6,5 km**), erreichen die ersten Häuser von **Nebel** und schwenken rechts in die Straße *Uasterstigh* (**7,1 km**). Hier treffen wir wieder auf die Hauptroute!

Wir kommen bald darauf an einer Windmühle vorüber (die Mühle ist als Ferienwohnung ausgebaut und kann nicht besichtigt werden), folgen anschließend der S-Kurve, fahren an der nächsten Abzweigung (**4,4 km**) geradeaus, rollen bergab und schwenken anschließend

nach links (**4,6 km**). Hier trifft die Alternativroute wieder auf die Hauptstrecke!
Nach 100 m kommen wir am Weg *Maalenstegalk* vorüber. Hier lohnt sich ein Abstecher zur **Mühle (Amrumer Museum und Galerie).**

Abstecher:
Links in den *Maalenstegalk* einbiegen und an deren Ende geradeaus in den schmalen Sandweg fahren (200 m).

Auch an der nächsten Abzweigung lohnt sich ein Abstecher zum **Oömrang Hüs.**
Nach 300 m kommen wir an der **St.-Clemenskirche** (**5,5 km**) und den reich verzierten alten *Grabsteinen* der Kapitäne und Walfänger auf dem Friedhof vorüber.

Nach einem Besuch der Kirche folgen wir der Hauptstraße und fahren bei **km 5,8** einen Links-rechts-Schwenk. Nach 200 m beginnt eine sanft ansteigende Strecke. An einem Stein am Wegrand können Radwanderer ihre Friesisch-Kenntnisse überprüfen (**8,1 km**).

Mit einer leichten Linksbiegung erreichen wir **Norddorf** (**8,6 km**), fahren an der Töpferei geradeaus, halten uns an der Abzweigung *Blöögdam* rechts und radeln an der Abzweigung *Taft* (**8,9 km**) (zur Amrum Tourist-Info) geradeaus. (Nach der Runde über den Teerdeich biegen wir hier zur Tourist-Info ab.)
Bei **km 9,1** folgen wir mit einem Rechts-links-Schwenk der Straße *Bideelen* und biegen an der nächsten Kreuzung (**9,3 km**) rechts in die Straße *Oodwai* ein.

Abstecher zum Strand:
Wir fahren an der Kreuzung *Oodwai* geradeaus, nach 400 m an der Abzweigung *Stonwai* und an der Fußgängerstraße ebenfalls geradeaus, kommen am **Naturzentrum** vorbei und erreichen gleich darauf den **Strand** von Norddorf (1 km).

Vor einem Sandweg (**10,5 km**) folgen wir der Rechtskurve der Asphaltstraße und erreichen den Teerdeich (**10,8 km**) (WC).

Abstecher: Wir fahren geradeaus über den Teerdeich und gelangen auf einem Sandweg zum Fahrradständer Odde. Links führt ein Fußweg über Dünen zum Strand, geradeaus gelangt man auf einem Bohlenweg und an der Wattkante zur Seevogelwarte.

Vor dem Teerdeich schwenken wir nach rechts und fahren am Deichfuß entlang (oder auf der Deichkrone). Am Südende des Deiches (**13,0 km**) fahren wir mit einem Links-rechts-Schwenk in die Straße *Bräätlun*, biegen links in die Straße *Ual Saarepswai* (**13,3 km**) und nach ca. 50 m rechts in die Straße *Taft* ein (Wegweiser Amrum Touristik). Wir kommen an der Busstation neben der *Amrum Touristik in Norddorf* vorbei und biegen an der Kreuzung vor dem Supermarkt (**13,6 km**) links ab. Von nun an folgen wir dem Radwegweiser mit dem grünen Dreieck. Am Ortsrand (**13,8 km**) beginnt ein fahrbahnbegleitender Radweg durch den Wald. Nach 500 m führt ein Fußweg zur *Aussichtsdüne*

(empfehlenswert), gleich darauf fahren wir an einem Waldweg weiter geradeaus. Bei **km 14,8** verlassen wir mit einem Rechtsschwenk den fahrbahnbegleitenden Radweg und radeln nun auf einem Sandweg durch Wald und Heidelandschaft. Auf einigen Streckenabschnitten reicht der Blick bei klarem Wetter über Heideflächen und Wattenmeer hinüber nach Föhr. An den beiden Abzweigungen zur Vogelkoje (**15,0 km**) (kleines Holzschild) und (**15,7 km**) fahren wir geradeaus.

Abstecher: An der zweiten Abzweigung zur Vogelkoje (**km 15,7**) im Wald rechts abbiegen (Schild steht schlecht einsehbar) und dem Hauptweg folgen. Nach 700 m erreichen wir die Vogelkoje. Direkt vor dem Fahrradständer halten wir uns rechts (nicht den Weg 20 m vor der Vogelkoje nehmen), folgen dem Weg zum Quermarkenfeuer und kommen am Wildgehege vorüber. Nach weiteren 300 m führt ein Bohlenweg (Fußweg) durch

die Dünen an Ausgrabungen aus der Stein- und Eisenzeit vorüber.

Wir fahren weiter auf dem Hauptweg, der nach einem weiten Rechts-links-Schwenk (**16,3 km**) in einen breiten Sandweg übergeht. Auf der Sandstraße *Tannenwai* radeln wir an den Kreuzungen zum Strand, zur Strandhalle (**17,4 km**) sowie an der Abzweigung *Satteldünenwai* geradeaus.

An der Kinderklinik Satteldüne folgen wir der Linksbiegung (**18,0 km**), fahren an den folgenden Abzweigungen und der Kreuzung zum Badestrand Süddorf (**18,7 km**) weiter geradeaus, bis wir die Zufahrt zum Leuchtturm erreichen (**20,0 km**).

Abstecher: Zum *Leuchtturm* rechts abbiegen (200 m).

A Wir queren mit einem Links-rechts-Schwenk die Hauptstraße, erreichen die Stelle, an der wir auf der Hintour abgebogen und dem Radwegweiser mit dem gelben Punkt gefolgt sind. Wir fahren nun bis zum Ortsrand

von **Wittdün**, wie auf der Hintour, auf dem fahrbahnbegleitenden Radweg und radeln an der Kreuzung am *Amrumspa Gesundheitszentrum* (**21,3 km**) geradeaus. Bei **km 21,8** endet der Radweg. Ab hier verlassen wir die von der Hinfahrt bekannte Strecke, folgen dem Radwegweiser zum Fähranleger, biegen rechts in die Straße *Köhns Übergang* ein und schwenken vor dem Fußweg zum *Strand* links in die *Mittelstraße*. Dieser folgen wir immer geradeaus, kommen am *Kurpark* und an der *Amrum Touristik Wittdün* (**22,4 km**) vorüber. Bei **km 22,8** biegen wir vor der Sackgasse links in die *Volkert-Quedens-Straße* ein, rollen diese bergab, schwenken rechts in die *Inselstraße* und erreichen wieder unseren Ausgangspunkt am Fähranleger.

Tour 19

Ausgangspunkt
ist der Fähranleger
in **Wyk auf Föhr**

Tourverlauf:
Von Wyk über
Oevenum, Alker-
sum, Oldsum,
Dunsum, Utersum
und Goting zurück
nach Wyk.

Auskunft: Tourist-Information im Reederei-
gebäude Wyk, Am Fähranleger 1,
25938 Wyk auf Föhr, Tel. 0 46 81 - 5 00 40
Fährverbindung ab Dagebüll:
Wyker Dampfschiffs-Reederei
Tel. 0 46 67-8 00 – www.faehre.de

Gesamtlänge der Tour: 41,0 km

Auf den Spuren der Walfänger

Wyk–Oevenum–Alkersum–Oldsum–Dunsum–Wyk

Föhr ist mit 144 km Radwegen eine ideale Insel für Radwanderer. Verschiedene Radtouren sind mit Symbolen ausgeschildert (z. B. ◆ ▲ ✦ ●). Diese Tour führt vom Fähranleger in Wyk zur Kirche in Boldixum mit den künstlerisch gestalteten Grabsteinen Föhrer Kapitäne und Walfänger. Auf dem Weg zur Lembecksburg, einem etwa 1000 Jahre alten Ringwall, kommen wir an der Windmühle in Wrixum und dem Landwirtschaftsmuseum in Oevenum vorüber. Anschließend lohnt sich ein Abstecher zur Laurentii-Kirche mit bemalten Grabsteinen auf dem Kirchhof und den Wikingergräbern Moonklembergem. In Utersum erreichen wir den Geestrücken der Insel und fahren auf dem Weg nach Wyk an einigen Badestellen und Hügelgräbern aus der Bronzezeit vorüber.

Unterwegs entdecken

Wyk – Promenade und alter Ortskern mit schmalen Gassen und liebevoll gepflegten Friesenhäusern.

Friesenmuseum – Am Rebbelstieg mit dem ältesten Haus der Insel.

Nationalpark-Infozentrum im Obergeschoss des Rathauses.

Landwirtschaftliches Museum in Oevenum. Das Museum gibt Einblick in das Leben auf dem Land und in die Föhrer Vergangenheit.

St.-Nicolai-Kirche in Boldixum.

Sehenswert sind die Deckenmalereien der gewölbten Backsteinkirche aus dem 13. Jh. Auf dem Friedhof befinden sich zahlreiche kunstvoll bebilderte Grabsteine Föhrer Kapitäne und Walfänger.

Lembecksburg

Ringwall aus der Wikingerzeit mit einem Durchmesser von 95 Metern und einer Höhe von 10 Metern.

St.-Johannis-Kirche in Nieblum.

Der kreuzförmige Backsteinbau nördlich des Ortes ist die größte Dorfkirche in Schleswig-Holstein. Sie liegt mit den Kirchen St. Severin in Keitum auf Sylt, der Alten Kirche auf Pellworm und St. Magnus in Tating auf Eiderstedt auf einer Nord-Süd-Achse.

Süderende

Die **St.-Laurentii-Kirche** entstand um 1150 und gilt als die älteste Kirche der Insel. Sehenswert sind der Figurenaltar (um 1440) und die Marmortaufe (1752).

Museum Kunst der Westküste in **Alkersum**

Regelmäßige Wechselausstellungen zeigen Kunst, die Motive wie Meer und Küste von Norwegen bis zu den Niederlanden darstellt.

Moonklembergem

Eine quadratische Wallanlage mit Grabstätten aus der Wikingerzeit.

Hügelgräber aus der Bronzezeit sind in Utersum (Tribergem), bei Goting (Tinghuug) und um Hedehusum zu sehen.

Wyk–Oevenum–Alkersum–Oldsum–Dunsum–Wyk

Ausgangspunkt ist der Fähranleger in **Wyk auf Föhr** (**0,0 km**). Von dort radeln wir in einem weiten Rechtsbogen an den Durchgängen der Flutschutzmauer des Ortes vorüber. An der Abzweigung des ausgeschilderten Radweges „Marschenrunde" (**0,2 km**) fahren wir geradeaus. Wenig später queren wir an der Kreuzung mit einem Links-rechts-Schwenk die Straßen *Am Hafen* sowie *Heymannsweg* und folgen dem Radweg (*Marschweg*), der anfangs parallel der Hauptstraße verläuft. An der Abzweigung *Schifferstraße* (**0,6 km**) fahren wir geradeaus und halten uns an der folgenden Weggabelung rechts (**0,8 km**).

Bei **km 1,1** endet der *Marschweg* an der Hauptstraße. Hier halten wir uns links, folgen nach 100 m an der Kreuzung dem Rad-wegweiser ◀, biegen rechts in die *Ocke-Nerong-Straße* ein und radeln in **Boldixum** am *Kirchweg* (**1,6 km**) vorüber.

Abstecher: Zur Kirche biegen wir links in den *Kirchweg* ein und erreichen nach 150 m die *Kirche*. Sehenswert sind außer der Kirche die alten, reich verzierten *Grabsteine* auf dem Kirchhof.

Am Ortsanfang von **Wrixum** (**1,7 km**) geht die *Ocke-Nerong-Straße* in den *Hardesweg* über. Wir fahren weiter geradeaus bis zur *Mühle* von 1851 (**1,8 km**).

Direkt vor der *Mühle* biegen wir rechts ab, schwenken nach 200 m an der T-Kreuzung (**2,0 km**) nach links, kommen an einem kleinen Rastplatz vorüber, fahren weiter gerade-aus auf der Straße *Ohldörp* (**2,4 km**) und ver-lassen **Wrixum**. In der Linksbiegung der Straße (**3,5 km**) fahren wir geradeaus, folgen dem schmalen Radweg nach **Oevenum**, radeln nach 100 m einen Links-rechts-

Schwenk und bleiben auf der *Bournstraat*. An der nächsten Kreuzung (**3,8 km**) biegen wir rechts ab und kommen nach 30 m am *Muse-um Altföhringer Bauernhaus* vorüber. Das Museum bietet Einblick in das Leben auf dem Land und in die Föhrer Vergangenheit. Öffnungszeiten aktuell erfragen. (Tel. 04681-2673).

Wir verlassen **Oevenum**, queren den *Kanal*, biegen in einer weiten S-Kurve (**4,6 km**) links in einen Sandweg ein (Radwegweiser ▲) und passieren eine kleine Brücke. Am Beginn der Asphaltstraße (**4,8 km**) fahren wir gera-deaus, halten uns an der nächsten Weg-gabelung (**5,2 km**) links, passieren nochmal eine kleine Brücke und schwenken gleich dar-auf am Ortsrand von **Midlum** rechts in die Straße *An de Marsch*. Nach 200 m fahren wir geradeaus und verlassen die „Mittlere Insel-route" ▲, die hier rechts abzweigt. An den Kreuzungen *Westerham* (**5,7 km**) und *Dörps-end* (Die „Marschroute" ◆ zweigt rechts ab)

fahren wir geradeaus, bei **km 6,4** nochmal geradeaus in die *Poststraße* und halten uns vor dem Ortsschild **Alkernum** leicht links. Im Ort fahren wir an der Abzweigung neben einem kleinen Rastplatz geradeaus, überque-ren **A** bei **km 6,8** die Hauptstraße und radeln weiter geradeaus in den *Marschweg*. Nach 100 m biegen wir rechts ab (Radwegweiser), an der kleinen Verkehrsinsel (**7,2 km**) nochmal rechts, folgen nun dem Radwegwei-ser der „Großen Inseltour" ● und verlassen **Alkersum**. An den folgenden zwei Kreuzun-gen (**7,5, 8,1 km**) und drei Abzweigungen (**8,8, 8,9, 9,9 km**) fahren wir geradeaus. Weni-ge Meter vor dem Ortsschild **Borgsum** (**10,4 km**) biegen wir rechts zur Lembecksburg ein, radeln an der nächsten Abzweigung (**10,7 km**) geradeaus und erreichen an der Weg-kreuzung nach Borgsum und zur Mühle die **Lembecksburg** (**11,1 km**). Anschließend fah-ren wir geradeaus weiter, halten uns an der Weggabelung (**11,9 km**) rechts, radeln gleich

km 17,6 wieder links. Auf dem Asphaltweg fahren wir an zwei Wirtschaftswegen geradeaus, folgen an der Kreuzung (**18,9 km**) dem Radwegweiser ● nach rechts und radeln an drei Abzweigungen vorüber bis zu einer T-Kreuzung (**20,2 km**). Dort biegen wir links ab, folgen nach 500 m der S-Kurve und biegen in *Dunsum* (**21,2 km**) rechts ab. Am Deichparkplatz (**21,5 km**) mit *Badestelle* und Restaurant schwenken wir nach links, fahren am landseitigen Deichfuß entlang, passieren ein Siel (**22,2 km**) und kommen an einem weiten Schilfgebiet und See vorbei. Bei **km 23,8** entfernt sich die

geradeaus. An der nächsten Kreuzung (**13,6 km**) biegen wir neben einem Gehöft links ab (Radwegweiser ▲ und ●), nach 300 m rechts in einen Wirtschaftsweg, queren A bei **km 14,1** die Hauptstraße und fahren geradeaus an der *Windmühle* vorüber nach *Oldsum*. Im Ort radeln wir immer geradeaus, queren am Ual-Fering-Wiartshüs die Vorfahrtstraße (**14,6 km**) und biegen gleich darauf an der T-Kreuzung rechts ab (Radwegweiser ●).

Nach 100 m schwenken wir nach links, verlassen *Oldsum*, passieren eine kleine Brücke und biegen an der T-Kreuzung (**15,1 km**) links ab. Bei **km 15,4** schwenken wir links in die Vorfahrtstraße, passieren noch mal eine Brücke und halten uns an der Weggabelung mit einer Verkehrsinsel rechts. Anschließend radeln wir an zwei Wirtschaftswegen vorüber, halten uns vor dem Deich (**17,0 km**) links (nicht die Deichrampe hochfahren) und bei

darauf an der Abzweigung (**12,2 km**) geradeaus und gelangen zu einer T-Kreuzung (**12,5 km**).

Abstecher nach Moonklembergem und zur Kirche St. Laurentii: Wir biegen an der T-Kreuzung links ab. Nach 200 m erreichen wir an der nächsten Abzweigung die Lorenz-Braren-Gedenkstätte. Hier biegen wir links in den Grasweg zur Gedenkstätte ein und folgen diesem an der Gedenkstätte vorbei zu den *Wikinger-Gräbern Moonklembergem*. Zur *Kirche St. Laurentii* fahren wir an der Abzweigung noch 200 m weiter geradeaus. Neben der ältesten Kirche auf Föhr sind die alten, farbig ausgemalten *Grabsteine* Führer Kapitäne sehenswert.

An der T-Kreuzung biegen wir rechts ab, fahren an einer Abzweigung (**12,7 km**) und der Kreuzung am Ende des Nadelwaldes (**13,2 km**)

Straße mit einer Linksbiegung vom Deich. Wenig später erreichen wir **Utersum** auf der Straße *Strunwai*, biegen an der ersten Abzweigung rechts in die Straße *Klaf* ein, kommen am *Haus des Gastes* (24,3 km) vorbei, folgen der Linkskurve, queren die Straße *Trübergem* mit einem Links-rechts-Schwenk und fahren weiter auf der Straße *Bi Trentaft*. Die Straße *Trübergem* führt zu den gleichnamigen *Hügelgräbern aus der Bronzezeit*. Bei **km 24,9** biegen wir rechts in die Vorfahrtstraße *Jaardenhug* ein, fahren an der Abzweigung *Waaster-Jügem* (25,3 km) geradeaus und folgen gleich darauf der Linksbiegung (nicht geradeaus zur Reha-Klinik). Wenige Meter hinter dem Ortsschild **Hedehusum** (25,9 km) biegen wir rechts ab (Radwegweiser), an der nächsten Abzweigung links (26,2 km) und radeln anschließend an zwei Querstraßen geradeaus. Bei **km 26,5** halten wir uns an der Weggabelung rechts und fahren über den Deich. Nach einer Rechts- und

Linkskurve radeln wir an einem Zugang zum *Badestrand* vorüber (27,6 km), kommen in der nächsten Linkskurve (28,3 km) an einem weiteren Strandzugang vorbei und biegen gleich hinter einer Brücke rechts ab. Bei **km 29,1** passieren wir nochmal einen Weg zum *Strand*, radeln nach einer weiteren Linkskurve an einem Gehölz vorüber, schwenken rechts in die Vorfahrtstraße (29,4 km) und fahren an der Abzweigung nach Borgsum (29,9 km) geradeaus. Bei **km 30,1** biegen wir rechts in Richtung Goting Kliff ab und kommen an einem weiteren *Hügelgräbern der Bronzezeit* vorüber.

Vor einem Wäldchen folgen wir der Linksbiegung der Straße *Brukswai* (geradeaus führt ein Sandweg am Wald entlang zu einer Badestelle). An der T-Kreuzung biegen wir rechts in die Straße *Guatingwai*, an der nächsten Abzweigung links in den *Deelswai* (31,4 km) ein und fahren nach 100 m am *Tingwai* geradeaus.

Abstecher zu Hügelgräbern: Links in den *Tingwai* einbiegen, nach ca. 100 m liegt rechts und links je ein *Hügelgrab*.

Nach einer Linksbiegung (31,8 km) fahren wir 200 m am Strandwall entlang, verlassen diesen wieder mit einer weiteren Linksbiegung und folgen vor einem Sandweg der Rechtskurve des Asphaltweges (32,2 km), der nach 200 m in einen Sandweg übergeht. Wir kommen an einem weiteren *Hügelgrab* und an einem Gehölz vorbei, radeln ein Stück auf dem Binnendeich, halten uns an der Weggabelung (32,8 km) rechts, verlassen den Deich und fahren auf einem Sandweg weiter. An der *Badestelle* (33,1 km) fahren wir einen Rechts-links-Schwenk, radeln weiter auf einem Sandweg Richtung Wyk, halten uns gleich darauf links und fahren bis zum Infopavillon des Nationalpark-Service am Ende des Parkplatzes und biegen links in den Fuß-/ Radweg ein (33,6 km). An der T-Kreuzung

durch die "Einkaufs- und Flaniermeile" der Insel und kommen am Rathaus mit Touristinfo und *Nationalpark-Infozentrum* **(40,8 km)** vorüber. An der Flutschutzmauer schwenken wir nach rechts und erreichen wieder unseren Ausgangspunkt am Fähranleger.

(34,2 km) schwenken wir nach links, nach 100 m an der nächsten Kreuzung nach rechts, folgen der Rechtsbiegung der Hauptstraße und verlassen **Nieblum (34,6 km)**. Bei **km 35,3** fahren wir an der Abzweigung nach Greveling vorüber und nun immer geradeaus am Golfplatz und am Flugplatz vorüber bis nach **Wyk (37,0 km)**. Dort folgen wir der Rechtsbiegung der Straße *Am Flugplatz*, die hier in den *Fehrstieg* übergeht und biegen bei **km 37,5** rechts in den fahrbahnbegleitenden Radweg der Straße *Am Golfplatz* ein. Vor der *Strandstraße* schwenken wir rechts in die *Gmelinstraße* (Wegweiser zur Post) und fahren an deren Ende **(38,9 km)** geradeaus in den *Stockmannsweg*. Anschließend fahren wir um das Schwimmbad herum und gelangen mit einem Rechts-links-Schwenk in den *Sandwall*, erreichen die Fußgängerstraße **(40,2 km)** und schieben nun das Rad.

Bei **km 40,6** geht der *Sandwall* in die *König-straße* über. Wir schieben weiter geradeaus

Steine erzählen Geschichten

Tour 20

Ausgangspunkt
ist der Bahnhof in **Westerland**

Tourverlauf:
Von Westerland über Wenningstedt, Kampen, Ellenbogen, List und Braderup zurück nach Westerland.

Auskunft:
Insel-Sylt Tourismus-Service GmbH
Strandstraße 35
25980 Westerland
Tel. 0 46 51 - 99 80

Gesamtlänge der Tour: 45,1 km

Zwischen Dünen, Heide und Wattenmeer

Westerland–Kampen–List–Kampen–Braderup–Westerland

Von Westerland führt die Tour nach Wenningstedt. Dort radeln wir an der Großsteinkammer am Denghoog vorüber und erreichen wenig später den Radweg auf der ehemaligen Kleinbahntrasse. Weiter geht es durch eine herrliche Heide- und Dünenlandschaft mit zahlreichen Strandübergängen bis zur Abzweigung zum Weststrand in List. Dort verlassen wir die ehemalige Kleinbahntrasse und radeln an den beeindruckenden Wanderdünen vorüber zum Ellenbogen. Hier lohnt sich ein Abstecher auf der ca. 5 km langen Privatstraße zur Ellenbogenspitze.

Die Rückfahrt von List führt uns auf der Kleinbahntrasse nach Kampen. Von dort radeln wir auf der Wattseite durch das Naturschutzgebiet Braderuper Heide nach Westerland.

Unterwegs entdecken

Wanderdünen in List

Die beiden Wanderdünen sind bis zu einem Kilometer lang und bis zu 35 Meter hoch. Durch den ständigen Wind wandert der Sand zwischen drei und fünf Meter im Jahr nach Osten.

Braderuper Heide

Das Naturschutzgebiet mit dem Weißen Kliff besteht aus Dünen und Heideflächen. Auf dem Wattenmeerweg und auf Holzstegen kann das Gebiet durchwandert werden.

Vom Naturzentrum in Braderup werden Führungen angeboten.

Leuchttürme

Zwischen Wenningstedt und Kampen führt die Tour unweit des schwarz-weiß-geringelten Leuchtturms „Rote Kliff" vorüber. Es ist der älteste Leuchtturm der Insel und wurde 1855 erbaut. Aus 45 Metern Höhe sendet er sein Licht etwa 40 Kilometer aufs Meer hinaus. Zwei Jahre später folgten die beiden Leuchttürme am Ellenbogen in List.

Denghoog

Die ca. 5000 Jahre alte Steinkammer am Ortsrand von Wenningstedt ist die größte begehbare Steinkammer in Schleswig-Holstein. Der Eingang ist so nach Süden ausgerichtet, dass die Sonne zur Wintersonnenwende durch den Eingang scheint und den „Spiegelstein" in der Kammer anstrahlt.

Kampener Vogelkoje

Ehemalige Entenfanganlage mit restauriertem Kojenwärterhaus.

Westerland–Kampen–List–Kampen–Braderup–Westerland

Ausgangspunkt ist der Bahnhofsvorplatz in **Westerland** (**0,0 km**). Hier halten wir uns links, queren an der Ampel die Straße und schieben das Rad durch die Fußgängerzone *Friedrichstraße*, Westerlands „Einkaufsmeile". Nach 500 m biegen wir rechts in die *Andreas-Dirks-Straße* ein (Richtung Touristinformation).

Alternative: Vom Bahnhofsvorplatz (**0,0 km**) gehen wir links am Bahnhof vorbei in Richtung ZOB. Zwischen Taxistand und ZOB schwenken wir nach rechts, queren die Straße *Twift* an der Ampel, fahren geradeaus in die *St.-Nikolai-Straße* (**0,1 km**), biegen an der ersten Kreuzung links in die *Maybachstraße* ein (**0,3 km**) und schwenken nach 100

m rechts in die *Kapitän-Christiansen-Straße*. Auf dieser fahren wir geradeaus, queren die *Schützenstraße*, weiter geradeaus in die Sackgasse und biegen direkt vor dem Strandaufgang rechts ab. Von der *Dünenstraße* (**1,2 km**) biegen wir rechts in die *Margaretenstraße* ein, gleich darauf links in die *Marienstraße*, queren *Friedrichstraße* (**1,3 km**) und fahren geradeaus auf der Andreas-Dirks-Straße in Richtung Touristinfo.

Ab hier fahren wir geradeaus am Syltness-Center vorüber, halten uns anschließend (**0,8 km**) halb links (Fuß-/Radweg) und schwenken nach 100 m links. Vor den Dünen halten wir uns rechts, biegen links in den Fuß-/Radweg *Westerhörn* ein, folgen nach 100 m der *Lornsenstraße* und kommen an drei Strandübergängen vorüber. Am Strandübergang *Rote-Kreuz-Straße* (**1,7 km**) fahren wir vor dem Fußweg einen Links-rechts-Schwenk zum Radweg, passieren einen wei-

teren Strandübergang (**2,2 km**) und fahren an der Abzweigung zum Friedrichshain (**2,3 km**) geradeaus. Nach 300 m halten wir uns an der Abzweigung links und radeln weiter auf dem *Lornsenweg* an der Nordseeklinik (**2,8 km**) und einem weiteren Strandübergang vorüber. An der nächsten Kreuzung (**3,0 km**) fahren wir geradeaus (links geht es zum Strand), ebenso an der Abzweigung nach Sylt-Ost (**3,3 km**) und erreichen **Wenningstedt** auf der Straße *Seedüne*. Wir queren die *Seestraße* (**3,5 km**) und gelangen in der folgenden Rechtskurve (**3,8 km**) in die Straße *Hochkamp*. Nach 100 m schwenken wir links in die *Dünenstraße*, kommen am **Kurhaus** (**4,2 km**) vorbei, queren die *Strandstraße* und fahren bei **km 4,5** geradeaus auf der *Dünenstraße*.

An der T-Kreuzung (**4,7 km**) schwenken wir nach rechts ins *Dünental*, folgen den Radwegweisern, biegen an der nächsten Querstraße links in die *Westerstraße* und nach

wenigen Metern rechts in den *Lerchenweg* ein. Bei **km 5,0** schwenken wir links in die Straße *Am Dorfteich*, nach 100 m rechts in die Straße *Bi Kiar* und an der **Friesenkapelle** links in die Straße *Am Denghoog* (**5,3 km**). Nach 100 m liegt linker Hand das **Großsteingrab Denghoog**.

Anschließend fahren wir geradeaus in den Weg *Osetal*, biegen an der T-Kreuzung (**5,8 km**) rechts in den *Norderweg* ein und nach 100 m links in den breiten Radweg, der auf der alten Kleinbahntrasse verläuft. Wir queren die

Straße zum Campingplatz (**6,8 km**) (Strandübergang) und kommen am Fußweg zur *Uwe-Aussichtsdüne* (**7,2 km**) vorüber. Bei **km 7,5** queren wir die *Kurhausstraße*, fahren am Weg zum Strand und zur Aussichtsplattform vorüber und erreichen die Abzweigung (**8,3 km**), an der wir auf der Rückfahrt zur Wattseite abbiegen werden. Nun radeln wir geradeaus zwischen Dünen hindurch und folgen dem breiten Sandweg, auf dem früher die Kleinbahn fuhr. Wir kommen an vier Strandübergängen (Nr. 26 bis 23) vorüber, passieren bei **km 12,0** eine Zufahrtstraße und radeln am Nordsee-Erholungsheim Klappholttal vorbei. Bei **km 14,3** verlassen wir die ehemalige Kleinbahntrasse und fahren weiter geradeaus. Auf der Rückfahrt treffen wir hier wieder auf diesen Weg. Nach 200 m schwenken wir links in die Straße zum Weststrand und zum Ellenbogen. A kein Radweg. Die Straße führt durch die weite Dünenlandschaft mit Blick auf die *Wanderdünen*. A An der Abzweigung zur

Weststrandhalle (**19,0 km**) beginnt der Radweg am Ende des Parkplatzes auf der linken Fahrbahnseite. Nach weiteren 300 m erreichen wir die Abzweigung der Privatstraße zum *Ellenbogen*.

Abstecher: Links in die für Kfz gebührenpflichtige Straße (Radfahrer frei) einbiegen. Die 5,2 km lange Privatstraße führt auf dem Ellenbogen an Strandübergängen, dem Königshafen sowie den beiden Leuchttürmen vorüber. Am Ende der Strecke gibt es einen 1,4 km langen Wanderweg um die Ellenbogenspitze. Vorsicht: A Wer am Ellenbogen baden möchte, achte auf die Badeverbote wegen der starken Strömung.

Vor der Jugendherberge (**20,2 km**) wechselt der Radweg auf die rechte Fahrbahnseite. Bei **km 20,8** queren wir mit einem Links-rechts-Schwenk die Straße und radeln auf der Deichkrone weiter. Der etwas holprige Teerweg auf dem Deich ist mit grobem Steinbelag durchsetzt, führt aber direkt an der

Wattkante und am Naturschutzgebiet *Lister Koog* entlang. Wo der Teerweg in einen Sandweg übergeht (**22,9 km**), biegen wir rechts ab, nach 100 m an der nächsten T-Kreuzung links, halten uns an der folgenden Weggabelung nochmal links (**23,3 km**), fahren vor der Wattenmeer Station in List einen Links-rechts-Schwenk, kommen am Parkplatz vorüber (**23,9 km**) und erreichen den Fisch-Platz am Hafen mit der bekannten „Fischbude". Hier schieben wir das Rad geradeaus über den Platz, schwenken vor der Zufahrt zur Sylt-Fähre nach rechts und biegen vor dem Kreisverkehr links in den fahrbahnbegleitenden Radweg der *Hafenstraße* ein (**24,1 km**).

Wir radeln an der Skulpturengalerie (**24,5 km**) und am spitzen Turm der katholischen Kirche, der einer Bake ähnelt, vorüber, folgen der S-Kurve und fahren an der Tankstelle (*Listlandstraße*) (**24,8 km**) geradeaus. An der Kreuzung zum Weststrand queren wir die Straße an der Ampel und folgen dem Radweg geradeaus Richtung Kampen. Bei **km 25,3** biegen wir vor dem Fußweg mit einem Links-rechts-Schwenk in den Radweg ein. Anschließend queren wir die Straße *Mannemorsumtal* (**25,9 km**) und radeln durch eine beeindruckende Dünen- und Heidelandschaft. Rechter Hand erhebt sich hinter einer Heidefläche wieder die **Wanderdüne** (**26,3 km**). Nachdem wir die Straße *Mellhorn* passiert haben, überqueren wir an der Ampel die Kreisstraße 118 (**28,5 km**) und radeln die folgenden 6 km auf der gleichen Strecke wie auf der Hinfahrt, nur in umgekehrter Richtung. Am Strandübergang Nr. 26 (**33,6 km**) geht der Weg in einen Asphaltweg über. Wir passieren noch den Strandübergang am kleinen Leuchtturm (**34,3 km**), biegen nach 150 m links ab und queren **A** die *Lister Straße* (**34,6 km**). Vor der Straße *Diksteg* biegen wir links in den fahrbahnbegleitenden Radweg ein, schwenken nach weiteren 200 m rechts in

den Sandweg *Grönning* und fahren am Naturschutzgebiet Nielönn Sylt entlang. Nach 400 und 600 m passieren wir jeweils eine Schranke und radeln geradeaus. Auch an der Abzweigung eines Sandweges (**35,5 km**) fahren wir geradeaus, halten uns an der nächsten Weggabelung (**36,1 km**) rechts und radeln an der Schranke vor dem *Fennenweg* weiter geradeaus. Anschließend kommen wir an einem Holzsteg (**36,6 km**) zum Wattenmeer vorüber und erreichen das Naturschutzgebiet **Braderuper Heide**. Der Radweg führt zwischen Schilf und Heckenrosen hindurch und gibt immer wieder den Blick aufs Wattenmeer frei.

An der T-Kreuzung (**37,3 km**) (rechts geht es zum Café Kupferkanne) halten wir uns links, folgen dem Wattwanderweg, kommen bei **km 37,8** am Fußweg zum Leuchtturm vorüber und passieren eine Badestelle (**38,8 km**). (**A** neben dem Fuß-/Radweg verläuft ein Reitweg). Schließlich entfernt sich der Weg (**39,0**

km) vor dem **Weißen Kliff** mit einer leichten Rechtsbiegung von der Wattkante, kreuzt einen Fußweg (**39,2 km**) und mündet in **Braderup** (**39,5 km**) in eine Asphaltstraße. Hier schwenken wir nach links, folgen an der nächsten Abzweigung (**39,8 km**) der weiten Rechtskurve der Straße *Eske Wai* und biegen an der T-Kreuzung vor einem Parkplatz (**40,0 km**) rechts in die Straße *Üp de Hiir* ein (links führt ein Fußweg teilweise über Holzstege durch die Heidelandschaft zum Kliff). Wir fahren geradeaus bis zur Vorfahrtstraße *M.-T.-Stich*, queren diese **A**, biegen links in den fahrbahnbegleitenden Radweg ein, kommen am **Naturzentrum Braderup** (**40,4 km**) vorbei und verlassen den Ort. Bei **km 40,5** biegen wir rechts in den schmalen (für Kfz gesperrten Weg) nach Westerland ein, fahren an der folgenden Abzweigung (**41,4 km**) geradeaus und kommen am Golfplatz und Flughafengelände vorüber. Mit einem Links-rechts-Schwenk überqueren wir auf einer

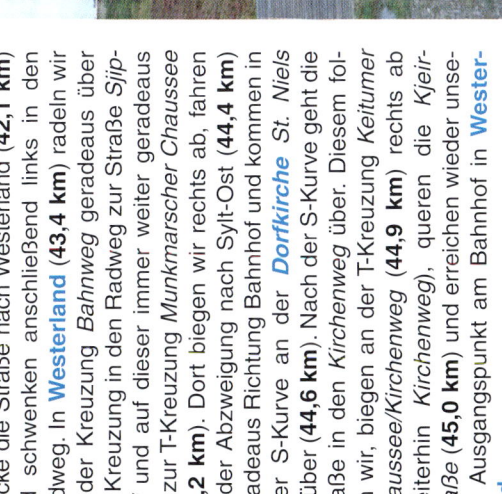

Brücke die Straße nach Westerland (**42,1 km**) und schwenken anschließend links in den Radweg. In **Westerland** (**43,4 km**) radeln wir an der Kreuzung *Bahnweg* geradeaus über die Kreuzung in den Radweg zur Straße *Sjpwai* und auf dieser immer weiter geradeaus bis zur T-Kreuzung *Munkmarscher Chaussee* (**44,2 km**). Dort biegen wir rechts ab, fahren an der Abzweigung nach Sylt-Ost (**44,4 km**) geradeaus Richtung Bahnhof und kommen in einer S-Kurve an der *Dorfkirche St. Niels* vorüber (**44,6 km**). Nach der S-Kurve geht die Straße in den *Kirchenweg* über. Diesem folgen wir, biegen an der T-Kreuzung *Keitumer Chaussee/Kirchenweg* (**44,9 km**) rechts ab (weiterhin *Kirchenweg*), queren die *Kjeirstraße* (**45,0 km**) und erreichen wieder unseren Ausgangspunkt am Bahnhof in **Westerland**.

Übernachten/Touristinformationen

Amrum
Amrum Touristik
Am Fähranleger
25946 Wittdün
Tel 04682-94030

Fährverbindung ab Dagebüll:
siehe unter Föhr – www.faehre.de

Brunsbüttel
Tourist Info Brunsbüttel
Tel. 04852-836624

Dithmarschen Tourismus e.V.
Tel. 0481-2122555

Büsum
Kur- und Tourismus Service Büsum
Tel. 04834-909135

Föhr
Tourist-Info Rathaus
Hafenstraße 23
25938 Wyk auf Föhr
Tel. 04681-50040

Fährverbindung ab Dagebüll:
Wyker Dampfschiffs-Reederei
Tel. 04667-94030
www.faehre.de

Gelting
Touristinformation Gelting
24395 Gelting
Tel. 04643-777

Glücksburg
Touristinformation Glücksburg
Tel. 04631-4077-0

Kappeln
Touristinformation Kappeln
Mühle Amanda
Tel. 04642-4027

Laboe
Touristinformation Laboe
Börn 2, 24235 Laboe
Tel. 04343-42755 9

Malente
Kurverwaltung Malente
Bahnhofstraße 4a
23714 Malente
Tel. 04523-959012-0

Marne
Tourist Info Marne
Tel. 04851-957686

Mölln
Kurverwaltung Mölln
Tel. 0 45 42 - 70 90
Herzogtum Lauenburg Marketing & Service
GmbH – Tel. 0 45 41 - 80 21 10

Nordstrand
Touristinformation Nordstrand
Schulweg 4, 25845 Nordstrand
Tel. 0 48 42 - 4 54

Schleswig
Touristinformation Schleswig
Tel. 0 46 21 - 85 00 56

St. Peter-Ording
Tourismus-Zentrale St. Peter-Ording
Strandweg 999
25826 St. Peter-Ording
Tel. 0 48 63 - 4 74 69 60

Kurverwaltung St. Peter-Ording
Böhler Landstraße 153
25826 St. Peter-Ording
Tel. 0 48 63 - 9 99 - 0

Süderlügum
Fremdenverkehrsverein Amt Süderlügum
25923 Süderlügum
Tel. 0 46 63 - 4 65

Sylt
Tourismus-Service Westerland
Strandstraße 35
25980 Westerland
Tel. 0 46 51 - 9 98 - 0

Tarp
Gebietsgemeinschaft Grünes Binnenland
Dorfstraße 8, 24963 Tarp
Tel. 0 46 38 - 89 84 04

Wedel
Wedel Marketing e.V.
Rathausplatz 3–5, 22880 Wedel
Tel. 0 41 03 - 7 07 7 07

Pauschalangebote für Radtouren

Tourismus-Agentur Schleswig-Holstein
GmbH
Wall 55
24103 Kiel
Tel. 04 31-6 00 58 40
www.sh-tourismus.de

Ostsee-Holstein-Tourismus e.V.
Am Bürgerhaus 2
23683 Scharbeutz
Tel. 0 45 03-88 85 25

Gebietsgemeinschaft Grünes Binnenland
24963 Tarp, Dorfstraße 8
Tel. 0 46 38-89 84 04
www.tourismus-nord.de

Literatur

In Boyens Buchverlag sind weitere
Radführer für Radtouren in Schleswig-
Holstein erschienen:

Radwanderführer
Alte Salzstraße

Radwanderführer
Nordfriesland

Radführer
Nord-Ostsee-Radweg/Grenzroute

Radwanderführer
Angeln und Schlei

Radwanderführer
Eider-Treene-Sorge-Weg

Bildverzeichnis

Bildverzeichnis